THERE IS ETERNITY
IN EVERY BLANCPAIN
Embraced by passion.
Ladybird
Colors
BLANCPAIN
Ladybird

EMBRACE THE IMPOSSIBLE
DEFENDER
Die ultimative Kombination aus Leistungsfähigkeit und der Effizienz eines Plug-in Electric Hybrid (PHEV). Defender. Eine Ikone neu interpretiert.
landrover.de
Defender 110 P400e AWD 2.0 Liter 4-Zylinder-Turbobenziner Plug-in Electric Hybrid mit 297 (404 PS): Kraftstoff- und Stromverbrauch sowie CO_2-Emissionen (jeweils max. gewichtet kombiniert): 3,1 l/100km; 26,0 kWh/100km; 70,0 g/km; CO_2-Klasse: B; Kraftstoffverbrauch bei entladener Batterie kombiniert: 11,0 l/100km; CO_2-Klasse bei entladener Batterie: G.

Herzlich willkommen

Ahoi!

Liebe Leserin, lieber Leser,

vor genau fünf Jahren erschien die allererste Ausgabe meines Sylt Fräulein Magazins. Damals, im ersten Corona-Jahr, haben mein Team und ich es trotz vieler Herausforderungen geschafft, unsere Sylt-Liebe aufs Papier zu bringen. Wer hätte gedacht, dass daraus eine jährliche Tradition wird, der so viele Menschen aus unserer Community entgegenfiebern? Auch ich habe meine Freude an den bunten Geschichten der Insel nie verloren. So haben wir auch diesmal wieder 180 Seiten voller spannender Reportagen, herzlicher Interviews, traumhafter Fotografien und vieler Geheimtipps für deine Zeit auf Sylt gefüllt. In dieser besonderen Ausgabe nehme ich dich mit an einen Ort der Begegnung in Westerland: das Surfhouse, wo ich faszinierende Menschen und ihre inspirierenden Geschichten kennenlernen durfte (Seite 24). Ich stelle dir das engagierte Team von „Gesucht-Gefunden Sylt" vor, die ich in diesem Jahr im Rahmen meiner Charity-Aktion mit einer Spende unterstützen konnte (Seite 40). Im Genussteil kannst du dich auf eine kulinarische Entdeckungsreise begeben: Zwischen Tortenträumen und Beachkitchen erwarten dich Highlights wie das frisch mit einem Michelin-Stern ausgezeichnete Tipken's (Seite 144) und die neue Location Zur Goldenen Möwe in Westerland (Seite 128). Auch die Kunstszene der Insel haben wir liebevoll beleuchtet: Freu dich auf faszinierende Fischdrucke, bunte Farben und Gemälde voller Geschichten. Redakteurin Anke ist der Magie des Ellenbogens auf den Grund gegangen und hat dort vier inspirierende Persönlichkeiten getroffen, die diesem nördlichsten Inselhaken ein Gesicht verleihen (Seite 54). Unsere Insulanerin Esther Jörgensen, die jetzt fest zu meinem Team gehört, hat nicht nur viele wunderschöne Fotos beigesteuert, sondern auch den Hörnumer Campingplatz für dich getestet (Seite 66). Redakteurin und Sylterin Jasmin Heimberger hat einen spannenden Tag mit der Rettungshundestaffel verbracht und berichtet über deren wertvolle Arbeit (Seite 102). Und natürlich haben wir die spannendsten Events für einen unvergesslichen Sommer auf Sylt zusammengestellt (Seite 176). »

SyltFraeulein @sylt_fraeulein sylt_fraeulein

Neuigkeiten

Ich stimme die ankommenden Fluggäste jetzt mit einer gigantischen Videowall am Sylt Flughafen auf ihre Inselzeit ein. Du möchtest mit deinem Unternehmen ein Teil davon sein? Dann melde dich gerne bei mir!

In meinem Newsletter erwarten dich exklusive Sylt-Geschichten, News, aktuelle Eventtipps, Gewinnspiele und vieles mehr. Melde dich gleich heute an!

FOTOS: MAIKE HÜLS-GRAENING & ESTHER JÖRGENSEN | ILLUSTRATION: ARCHIV (1)

Das Covershooting fand an Bord der „Gret Palucca“ von Kapitän Alfred Resch statt.

5 Jahre
Sylt Fräulein Magazin

Entdecke die weltschönste Insel mit uns immer wieder neu!

ABO

Jetzt abonnieren und keine Ausgabe mehr verpassen

Bestellnummer: SF23ONE

#crewlove

Redakteurin Anke Pipke traf Seenotretter-Vormann Christian Koprek-Bremer.

Meine Kollegin Jasmin Heimberger war zu Besuch beim Fischdrucker Millo Lüderitz.

Crew-Mitglied Esther hat den Hörnumer Campingplatz für dich gestestet.

Diese Jubiläumsausgabe möchte ich auch zum Anlass nehmen, auf die vergangenen Jahre zurückzublicken. Schon seit 2018 schlüpfe ich in die Rolle des „Sylt Fräuleins“, das sich innerhalb kürzester Zeit zur größten Multichannel-Medienmarke rund um die Nordseeinsel Sylt entwickelt hat. Meine Blogbeiträge und Posts in den sozialen Medien erreichen Millionen von Inselfans. Seit 2020 erscheint die große Jahresausgabe des Sylt Fräulein Magazins deutschlandweit, und seit letztem Jahr auch die praktischen Sylt Fräulein Inselguides im Frühling, Herbst und Winter, die jedes Mal in kürzester Zeit vergriffen sind. Mittlerweile begrüße ich sogar die ankommenden Gäste am Flughafen Sylt. Nicht persönlich, aber mit einer beeindruckenden Videowall in der Ankunftshalle, wo ich auf die Schönheit Sylts einstimme und meine Geheimtipps verrate. All das ist für mich nie zur Selbstverständlichkeit geworden. Ich bin zutiefst dankbar, dass meine aufregende Reise mich schon an so viele wunderbare Orte geführt und mir zahlreiche unvergessliche Erlebnisse ermöglicht hat. Dass mein Team von falkemedia und ich das Vertrauen von so vielen Menschen in uns und unsere Arbeit gewonnen haben und dass ich meine Reichweite immer wieder auch für wichtige Botschaften rund um Naturschutz, Umweltthemen und Charity-Aktionen nutzen konnte.

Vor über 60 Jahren lernten sich meine Großeltern in Westerland kennen und lieben. Diese Liebesgeschichte ist der Grundstein für meine tiefe Verbundenheit mit der Insel, die ich zusammen mit den beiden immer in meinem Herzen tragen werde. Und ich würde mich sehr freuen, wenn du mich weiterhin auf meinem Weg begleiten würdest.

Herzlichst, deine Finja Schulze

Finja Schulze

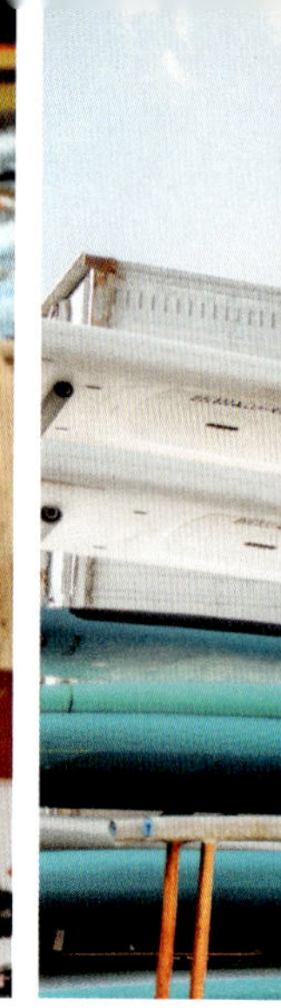

Lasst uns Sylt zusammen entdecken!

InselLiebe

InselHeimat

InselErlebnisse

Inhalt

InselGenuss

InselKultur

Gastro-Guide und Sylt-Typen-Test ab Seite 40!

FOTOS: ESTHER JÖRGENSEN, NOAH VERLAG

Insel Liebe

S.44

S.50

Erfahre ...

- … welche Momente und Lieblingsprodukte den Sylter Sommer besonders machen
- … warum du unbedingt mal im Surfhouse vorbeischauen musst
- … wer hinter der Facebookgruppe „Gesucht-Gefunden Sylt" steckt
- … wie der Künstler Millo Lüderitz Fische auf Leinwand druckt

Meine *Sommer* Momente

Jede Jahreszeit auf Sylt hat ihren Reiz – aber am liebsten mag ich den Sommer. Wenn es endlich richtig warm ist, man das Leben im Freien genießt und ganz besondere Erinnerungen sammelt.

Text: Finja Schulze

Ein Picknick am Strand mit Decken und Kissen ist ein Muss im Sommer auf Sylt!

1.

Ein Picknick am Ellenbogen

Ein Strandpicknick ist natürlich immer schön, besonders wenn es von Hochzeitsplanerin Rebecca Reckert-Diedenhofen und Fotograf Sebastian Diedenhofen arrangiert wird. Das Power-Couple bietet ein bezauberndes Picknick samt professionellem Fotoshooting in Kombi mit einer Tour im Syltbulli an – ideal für Gruppen bis zu sechs Personen oder Brautpaare am großen Tag. Mehr über die Angebote unter **www.syltbulli.de.**

2.

Eiskalter Kaffeegenuss

Kennst du schon die KuKa in der Kupferkanne in Kampen? Die Selbstbedienungs-Espressobar bietet Kaffee-Erlebnisse der besonderen Art – vom Cappuccino bis zum Caffè Latte, kredenzt von erfahrenen Baristas mit Bohnen aus eigener Röstung. Mein Tipp für den Sommer: der eisgekühlte Coffee Mule. Aber auch ein Iced Cappuccino darf nicht fehlen, der im sonnigen Garten gleich doppelt so gut schmeckt.

Coffee Mule ist eine Mischung aus Cold Brew mit Ginger Ale und Maracujasirup auf Eis.

FOTOS: ESTHER JÖRGENSEN, FINJA SCHULZE, SEBASTIAN DIEDENHOFEN

3.

Fischbrötchen mit Hafenflair

Eine kleine Stärkung mit großem Genuss: Fischbrötchen direkt am Hörnumer Hafen, ob bei Fisch Matthiesen oder im charmanten Krabbenpavillon. Allerdings sollte man sich vor den diebischen Möwen in Acht nehmen. Mein Favorit? Ein Muschelbrötchen, reichlich belegt mit frischen Krabben – ich lieb's!

FOTOS: ESTHER JÖRGENSEN

Fischbrötchen sind mein Gemüse!

Weitere Adressen

GOSCH
Am Kliff in Wenningstedt
Am Hafen in List
Friedrichstraße 15 in Westerland
Kurpromenade in Westerland

SALATKOGGE SYLT
Strandstraße 28 in Westerland

HAFENKIOSK 24
Hafenstraße 24 in Rantum

FISCH BLUM
Neue Straße 2 in Westerland
Mittelweg 7 in Tinnum
Westerlandstraße 8 in Wenningstedt

Das Sylt Plaid – exklusiv bei uns
Afj Keitum
Gurtstig 13 // Keitum // afj_love_keitum

4.

Mit den Füßen in die Nordsee

An den seltenen lauen Sommerabenden zieht es mich gerne noch einmal ans Meer. Die Strände in List oder Rantum gehören dann oft fast ganz mir allein. Im sanften Licht des Sonnenuntergangs im Strandkorb entspannen oder die Füße nochmal in der Nordsee abkühlen – herrlich!

Solche Abende auf Sylt sind etwas ganz Besonderes.

FOTOS: FINJA SCHULZE & ESTHER JÖRGENSEN

Pizza + Vino

5.

Was könnte einen Sommertag auf Sylt besser abrunden als ein Glas Wein und eine riesige Pizza vom Bistro Mio, geteilt mit Freund*innen bei einem Sonnenuntergang am Strand? Bestelle deine Lieblingspizza in der Friedrichstraße zum Mitnehmen – und vergiss nicht, die Verpackungen und leeren Flaschen in den Strandmüllboxen zu entsorgen!

6.

Nachhaltiger Fahrspaß

Ob du mit dem E-Auto den Lister Ellenbogen eroberst, mit dem E-Bike das Rantumbecken umrundest oder mit dem E-Roller nach Hörnum düst – es geht auch ohne Abgasgeruch und laute Motorengeräusche. An vier Standorten des E-Mobility Centers hält der Insel Sylt Tourismus-Service eine große Auswahl an Elektrofahrzeugen für deine Spritztour bereit. Dazu gibt es natürlich auch eine professionelle Beratung. Ab einer Mietdauer von drei Tagen wird es sogar günstiger. Online kannst du dein Lieblingsfahrzeug auch schon vorab reservieren. Im Sommer miete ich mir am liebsten eines der hochwertigen E-Bikes und entdecke Ecken, wo kein Auto hinkommt. Der Deich in Morsum oder am Königshafen in List zum Beispiel. Und dank des elektrischen Schubses ist selbst der stärkste Gegenwind nur ein laues Lüftchen.

Das Team vom E-Mobility Center am neuen Standort an der Himmelsleiter.

Ab in den Süden!

Obwohl die Route von Westerland nach List sehr beliebt ist, lohnt sich eine Radtour in den Süden der Insel ebenfalls sehr. Auf dem Weg von Rantum nach Hörnum durchquerst du malerische Dünenlandschaften, kannst an den Stränden eine Badepause einlegen und dich am Hörnumer Hafen mit einem leckeren Fischbrötchen stärken.

Standorte

E-MOBILITY CENTER HAUPTSTELLE
Strandstraße 32 in Westerland

E-MOBILITY CENTER HIMMELSLEITER
Gaadt 31 in Westerland

SURFHOUSE CAMPINGPLATZ WESTERLAND
Süderstraße 66 in Westerland

REZEPTION AM CAMPINGPLATZ RANTUM
Hörnumer Straße 3 in Rantum

www.insel-sylt.de/e-mobility

7. Sundowner im Strandhafer

Im Strandhafer empfängt dich Gastgeber Stefan O. Huemer unter dem Motto „Wir verwöhnen Freunde“ in herzlicher Atmosphäre. Der neue Hotspot am Strand von Wenningstedt zieht nicht nur Einheimische an, sondern begeistert auch Urlauber*innen und Genießer*innen, die Wert auf Qualität und Nachhaltigkeit legen. Denn die Produkte stammen von regionalen Lieferanten und sind umweltfreundlich und biologisch abbaubar verpackt. Besonders praktisch ist der To-go-Bereich, in dem du bequem per QR-Code von den umliegenden Strandkörben aus bestellen kannst. Das Angebot reicht hier von der Hummerrolle bis zum Windbeutel mit Beerensahne, dazu ein edles Glas Ruinart Champagner oder ein guter Tropfen aus der erlesenen Weinkarte – für jeden Geschmack ist etwas dabei. Tagsüber lockt das lässige Bistro mit einfachen, aber raffinierten Gerichten wie Trüffel-Cavatelli, französischer Zwiebelsuppe, Wiener Schnitzel, Burgern oder einfach nur Pommes, abends wandelt es sich in ein stilvolles Restaurant mit gehobener Küche. Mit seiner großzügigen Terrasse und dem Panoramablick ist es der ideale Ort für einen Sundowner – und verspricht einen unvergesslichen Sommer.

KONTAKT:
Strandstraße 27 in Wenningstedt
www.strandhafersylt.de
@strandhafersylt

Mein Tipp!

Ob Pfingsten, Weihnachten oder Silvester – das Strandhafer bietet dir die ideale Kulisse für unvergessliche Festtage. Doch auch ganzjährig erwarten dich hier spannende Events. Freu dich auf Livemusik, kulinarische Erlebnisse mit renommierten Gastköch*innen und viele weitere Highlights. Für abends empfehle ich dir telefonisch zu reservieren unter (04651) 446 43 99.

FOTOS: ESTHER JÖRGENSEN

EMILIO.
DER ROSÉ VON HIER.
Lebensfreude trifft Lifestyle. Mal entspannt, mal elegant. Aber immer authentisch. Emilio bringt Genuss ins Glas und den Süden dorthin, wo Du gerade bist. Aus der Pfalz in die Welt. Freu' Dich auf einen Rosé mit Persönlichkeit und mit dem Geschmack nach Süden. Freu' Dich auf Emilio!
emilio-rose.com
EMILIO
EMIL BAUER
PFALZ

Eure schönsten Sommermomente

Zahlreiche Leser*innen aus meiner Community sind meinem Aufruf gefolgt und haben ihre schönen Sylt-Momente mit mir geteilt.

Jessica Barbré aus Rehburg
Ich liebe die Farben des Abends im August. Wenn nicht nur die ganze Insel blüht, sondern auch die Abende bunt am Himmel scheinen. Eigentlich liebe ich jede Jahreszeit auf Sylt, weil jede ganz besondere Momente und Farben innehat. Ich habe aber im August Geburtstag und liebe daher vermutlich den Sommer am meisten.

Kristina Weiß-Esser aus Wickede Ruhr
Mein Mann Florian und ich hielten uns täglich am Strand auf. Denn wir lieben es beide, jeden Abend diese besonderen Sonnenuntergänge mit unterschiedlichen Farbspielen am Himmel zu beobachten und zu genießen. Wir liefen bei einem Spaziergang am Abend barfuß durch den Sand am Wasser entlang. Wir sahen in der Ferne ein Schiff, das Sandaufspülungen vor Sylt machte, es war Ebbe und die Möwen hatten im Wasser ihren Spaß. Der Sonnenuntergang leuchtete im Hintergrund am Horizont und es sah einfach fantastisch aus. Diesen schönen und besonderen Moment hielt ich mit meiner Kamera in Bildern fest. Wir schauen uns immer wieder unsere Bilder von unseren Urlauben auf Sylt an und erinnern uns an diese tollen Erlebnisse und Momente.

Anna Carlotta und Robin aus Wriedel
Letzten Juli waren wir ein paar Tage in Dänemark in der Nähe von Rømø. Natürlich durfte da ein Tag auf unserer Lieblingsinsel Sylt nicht fehlen. Also fuhren wir mit der Fähre rüber nach List und liehen uns dort zwei E-Bikes, mit denen wir nach Westerland fuhren. Es war ein herrlicher Sommertag, der wärmer war als gedacht, weshalb spontan ein Bad im Meer nicht fehlen durfte. Für mich war es ein ganz besonderer Tag, da ich Sylt sonst nur im Herbst kannte. Aber es zeigte mir wieder einmal ganz deutlich meine große Inselliebe.

Imke Hammann aus Hemmoor

Ein Sommertag wie gemalt, feiner weißer Sandstrand, Nordseebrandung, blauer Himmel … auf geht's in die Wellen! Sommerfeeling pur auf unserer Lieblingsinsel!

@sylt_fraeulein

Hast du Lust, dabei zu sein?

Ich freue mich riesig über den aktiven und höflichen Austausch mit meiner Community. Uns alle verbindet die Liebe zu Sylt. Auch du bist herzlich eingeladen!

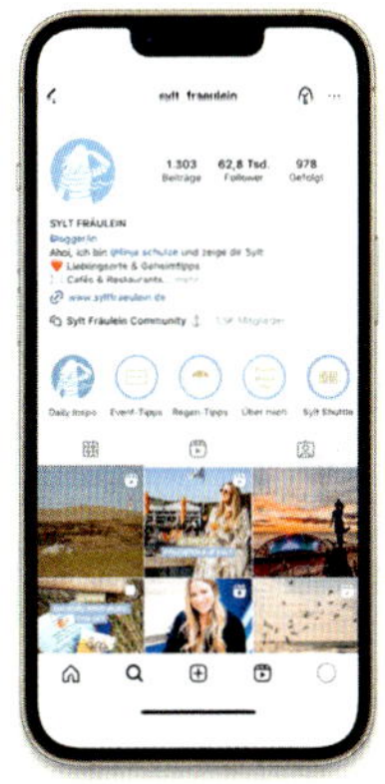

Fenja Aileen Voß aus Dörpstedt

Ich liebe den Sonnenuntergang am Strand von Kampen. Wenn die Strandkörbe aus ihrem Winterquartier zurück sind, kann man von dort aus perfekt den Sonnenuntergang genießen. Manchmal ergeben sich ganz schöne, neue Perspektiven.

Bea Meyer aus Lichtenau

Sobald ich an Sommer auf Sylt denke, ist da dieser eine Abend … Es war der 2. August 2018, der Jahrhundertsommer (bis dato) und wir haben unseren Urlaub auf unserer Lieblingsinsel – unserer Homebase – verbracht. Den Abend haben wir mit einem Strandspaziergang an der Westerländer Promenade ausklingen lassen und dabei ein kleines Fotoshooting gemacht. Alles fühlte sich so leicht an, ich kann es heute noch fühlen. Die Wärme auf der Haut, das Wasser an den Füßen und diese Leichtigkeit um uns herum. Sylt bei 35 Grad hat seine Spuren und Schwingungen bei den Menschen hinterlassen. Im Strandkorb haben wir den Sonnenuntergang genossen und unser Herz erneut an diese Insel verloren.

Kristin Fertig aus Hamburg

Mein schönster Herzens-Sommer-Moment mit meiner Tochter Ellá auf dem Weg zur Uwe-Düne in Kampen. „Wunderminuten" mit ihr, die mich so glücklich gemacht haben. Unvergesslich!

60.000+ FANS

FOTOS: ESTHER JÖRGENSEN

Das Meer im Herzen

Katharina und Dirk sind ein starkes Team mit Leidenschaft für den Wassersport und Freude daran, Menschen zusammenzubringen. Das gelingt ihnen in ihrem Surfhouse Sylt in Westerland – einem Ort der Begegnung und nachhaltiger Ideen.

Text: Finja Schulze

Seit 2021 betreiben Katharina und Dirk das Surfhouse Sylt – ein gemütlicher Treffpunkt mit leckerem Kaffee, Surfshop und professionellen Surf- und Kitesurfkursen für alle, die Meer, Strand und Wassersport lieben oder kennenlernen wollen.

Katharina und Dirk sind ein Team. Als Liebespaar betreiben sie seit vier Jahren gemeinsam das Surfhouse Sylt in Westerland. Vor neun Jahren haben sie sich auf der Insel kennengelernt, seit einem Jahr sind sie verheiratet. Als ich die beiden heute in ihrer Surfschule am Campingplatz in Westerland besuche, nehmen sie mich mit in ihre bunte Welt. Sie ist einladend, gemütlich und in jeder Ecke gibt es etwas zu entdecken. In der Mitte stehen zwei große Sofas, von der mit Surfbrettern behangenen Decke baumelt eine Schaukel. Ich erspähe eine Kaffeeecke mit Siebträgermaschine und eine große Werkbank, an der Taschen aus ehemaligem Strandkorbstoff und Segeltuch entstehen. Auf Kleiderstangen hängt lässige Surfwear, in den Regalen tummeln sich witzige Postkarten, detailverliebter Schmuck und originelle Geschenkideen. Bevor wir uns auf die Sofas lümmeln, bereitet mir Katharina einen Cappuccino mit Hafermilch zu. Die gebürtige Sylterin trägt einen hübschen Pulli von „Salty Heads", der von ihren langen braunen Haaren umspielt wird.

Vom Angsthasen zur Wasserratte

Geboren und aufgewachsen auf der Insel, zog es Katharina mit 19 Jahren erstmal weit weg in den Süden, um zu reisen und zu studieren. „Mit 29 bin ich dann wieder zurück auf die Insel gezogen", erzählt sie. Während ihres Pädagogikstudiums in Hamburg lernte sie Dirk kennen – auf Sylt. „Das war 2015. Abends betrunken in der Wunderbar. Da haben wir uns kennengelernt und schockverliebt", erinnert sich Katharina lachend. Mit Wassersport hatte die Sylterin damals gar nichts am Hut. „Bis vor zwei Jahren wollte ich von Surfen und Wellenreiten nichts wissen. Das Wasser ist kalt und tief und vor dem Kiten hatte ich Angst", gibt sie zu. Eine Reise nach Brasilien brachte den Wendepunkt: „Da hat Dirk gesagt: jetzt probierst du das mal aus. Und so bin ich doch noch auf den Geschmack gekommen."

Ein Berliner am Meer

Dirk kommt aus Berlin. „Ich habe einen neuen Lebensmittelpunkt gesucht. Ich bin viel gereist, bin in Berlin geboren und dann durch das Kiten viel herumgekommen", erzählt der Lockenkopf. „Das, was wir jetzt hier in Westerland haben, hatte ich schon zweimal woanders. Immer am falschen Ort, muss man ehrlich sagen. Freunde von Sylt haben mir immer wieder gesagt: Hier ist es schön, komm mal her. Und das habe ich dann gemacht." Dirk brachte viel Erfahrung im Surfen mit, als er 2013 nach Sylt zog, und startete mit einem Surftruck am Lister Ellenbogen. „Ich hatte vorher eine Surfschule an der Ostsee. Aber hier auf der Insel ist es ganz anders." Der »

gelernte Segelmacher und Bootsbauer ist nicht nur leidenschaftlicher Surfer, sondern auch ein begabter Handwerker. „Als kleiner Junge habe ich Fahrräder getuned und zusammengebaut. Mit den Händen zu arbeiten, das liebe ich", sagt er. Diese Fähigkeiten setzt der Tausendsassa auch im Surfhouse ein, das mich an eine Kreativwerkstatt erinnert.

Einst ein Gotteshaus

Ursprünglich war das Surfhouse ein kirchlicher Treffpunkt, was man noch an dem kleinen Kreuz auf dem Dach erkennt. Hier fanden sogar Gottesdienste statt. Heute gehört es dem Insel Sylt Tourismus-Service. „Wir haben das leerstehende Haus vor Corona gesehen und eine Initiativbewerbung an den ISTS geschrieben, was wir hier machen wollen. Wir wollten es unbedingt haben, weil es auch ein sehr guter Spot zum Surfen ist", erzählt Katharina. Das war 2021. Seitdem ist das Surfhouse Anlaufstelle für Wassersportkurse aller Art. Mittlerweile sind eine Handvoll Surflehrer*innen Teil des Teams und bieten professionelle Wellenreit-, Kitesurf- und Wingfoil-Kurse für Einsteiger*innen und Fortgeschrittene an. Alle Kurse, der Verleih und der Surfshop sind mit modernstem Equipment ausgestattet, inklusive Boards, Kites und Wingfoils. Hier bekommst du nicht nur deinen Neoprenanzug, sondern erfährst auch alle Details zu deinem gebuchten Kurs.

Kleine Gruppen, große Erlebnisse

Katharina und Dirk legen großen Wert auf die Qualität ihrer Kurse. „Unser Fokus liegt auf Kleingruppen mit nur vier Schüler*innen auf einen Lehrer oder eine Lehrerin. Beim Kiten und Wingen sogar im Verhältnis von zwei zu eins. Privatunterricht ist eigentlich unser Steckenpferd", erklärt Dirk. „Diese persönliche Beziehung, das Miteinander und das fundierte Lernen von der Pike auf war schon immer unsere Philosophie", ergänzt Katharina, die selbst lange als Surflehrerin gearbeitet hat. Die Kurse richten sich an alle im Alter von 5 bis 99 Jahren, insbesondere an Menschen, die bisher Angst vor Wasser hatten, es aber dennoch ausprobieren möchten. Im Surfrevier im Königshafen am Ellenbogen kann man auch überall stehen – das gibt zusätzliche Sicherheit.

Sip and shop

Mir kribbelt es schon in den Fingern, denn die Produkte im Concept-Store ziehen mich magisch an und ich möchte mich gerne mal umsehen. Hier kann man sich mit allem eindecken, was man für die Surfsession braucht: von der umweltfreundlichen Sonnencreme über wärmende Hoodies bis hin zu stylishen

Im Concept-Store findest du neben Surfwear und Equipment auch schöne Karten, Schmuck und nachhaltige Sonnencreme.

> „Wir wollten einen Ort schaffen, der mehr ist als nur eine Surfschule. Es sollte eine Begegnungsstätte werden, wo Menschen sich wohlfühlen und ihre Leidenschaft für den Wassersport teilen können."

Dirk Bernsdorf-Effler

Ob Kiten, Wellenreiten oder Wingfoil – das Team vom Surfhouse steht dir zur Seite, sowohl im Wasser als auch am Ufer, und teilt wertvolle Tipps und Tricks mit dir.

Surfponchos. Aber auch Wassersportmuffel finden hier hübsche Dinge wie die eingangs erwähnten „Sturmfrei"-Taschen aus Strandkorbstoff. Besonders wichtig ist Katharina und Dirk die Nachhaltigkeit ihrer Produkte. „Ich habe einfach das ausgesucht, was ich selbst schön finde. Am Anfang hatten wir hier nur die Surfbretter drin und die Theke. Das hat sich dann so entwickelt", sagt Katharina über die Auswahl im Shop. Nach dem Surfen kann man sich im Café oder auf der einladenden Terrasse entspannen. Hier sind natürlich auch Strandgänger*innen oder Bewohner*innen des Campingplatzes herzlich willkommen. „Wir bieten viele leckere Kaffeespezialitäten an. Und wer nicht so auf Kaffee steht, für den gibt es auch Bio-Tees, Kakao oder ein kühles Alster", erzählt Katharina und reicht mir stolz den zweiten perfekt geschäumten Cappuccino.

Goldene Visionen

Doch das Surfhouse ist nicht ihre einzige Leidenschaft. Erst kürzlich haben Dirk und Katharina ein weiteres Projekt ins Leben gerufen: das Deli „Zur Goldenen Möwe" an der Strandpromenade in Westerland. Gemeinsam mit ihrem Freund und Geschäftspartner Fabian de Vries haben sie es im Mai eröffnet. Mehr dazu erfährst du auf Seite 128 im Genussteil. Ich frage mich, wie die beiden so viele verschiedene Projekte unter einen Hut bekommen und dabei so entspannt wirken können. „Wir geben selbst keine Surfkurse mehr, um allen Aufgaben gerecht zu werden. Und Dirk ist wirklich gut darin, Visionen zu haben und Dinge zu entwickeln. Aber er redet nicht nur, er packt auch an", schwärmt Katharina stolz. „Ich habe so Lust auf gute Projekte", sagt Dirk. „Meine Idee ist, dass wir in den Wintermonaten Veranstaltungen in der Möwe machen. Oder sogar einen kleinen Weihnachtsmarkt veranstalten", sprudelt es aus dem kreativen Kopf heraus, und weiter: „Und wenn das da drüben fertig ist, muss hier die Küche gemacht werden. Damit wir hier im Surfhouse auch einen guten Kuchen anbieten können." Katharina fügt lächelnd hinzu: „Gut, dass ich Dirk bei all den Ideen immer wieder etwas erde. Das Surfhouse Sylt trägt die Handschrift von Katharina und Dirk – eine Kombination aus Liebe zur Insel, ihrer Leidenschaft für den Wassersport und Freude daran, Menschen zusammenzubringen. Ein Besuch bei ihnen ist nicht nur ein Erlebnis, sondern auch eine Begegnung mit zwei Menschen, die ihre Träume leben und mit anderen teilen.

Mein Tipp!

Neben Shop, Verleih und Café finden hier im Sommer regelmäßig Konzerte, Events und Workshops statt. So bietet das Surfhouse nicht nur erstklassige Surfkurse, sondern als Treffpunkt auch ein abwechslungsreiches Unterhaltungsprogramm, das deinen Aufenthalt auf Sylt noch unvergesslicher macht.

KONTAKT:

Surfhouse Sylt
Süderstraße 66 in Westerland
www.surfhouse-sylt.com
@sylt_surfhouse

SYLT NACHHALTIG ERLEBEN

REFILL-STATIONEN

Eine (Edelstahl-)Flasche in der Tasche kann an vielen Stellen auf Sylt mit frischem, bestem Wasser aufgefüllt werden und vermeidet unnötigen Plastikmüll. Mit der App „Refill" hast du die nächste Station immer im Blick.

NATUR-TOUR

Von der Wattwanderung bis zur Heideführung – Sylt bietet zahlreiche Touren durch die einzigartige Natur der Insel, bei denen du ihre Kraft erleben und viel über die besondere Flora und Fauna erfahren kannst. Denn nur was wir lieben und verstehen, schützen wir auch. Respektiere deshalb ausgewiesene Naturschutzgebiete und bleibe immer auf den markierten Wegen.

ANREISE

Ein nachhaltiger Urlaub beginnt schon bei der Anreise und die ist mit der Deutschen Bahn am klimafreundlichsten. Aus vielen deutschen Städten gibt es unkomplizierte Direktverbindungen.

EMISSIONSFREI

Die umweltfreundlichste Art, sich fortzubewegen, ist zu Fuß oder mit dem Fahrrad – bei längeren Strecken am besten mit Elektrounterstützung. Auf Sylt gibt es zahlreiche Verleihe, bei denen du E-Bikes, aber auch E-Roller und E-Autos ausleihen kannst.

MIT DEM BUS

Mit den Linienbussen der Sylter Verkehrsgesellschaft kommst du dank des gut ausgebauten Haltestellennetzes bequem an dein Ziel. In vielen Unterkünften erhältst du beim Einchecken sogar eine SyltGO-Gästekarte, mit der du auf der ganzen Insel kostenlos unterwegs bist.

TSCHÜSS, MÜLL!

Vermeide Müll, wo es geht, und entferne ihn aus der Natur und von den Stränden. Dort findest du auch Müllsammelstellen, wo du den Müll richtig entsorgen kannst. Für Zigaretten gibt es Fluppensammler oder Taschenaschenbecher an den Kurkartenhäuschen.

SYLT RÄUMT AUF

BYE BYE PLASTIK

App Download

Mit der neuen App von „Bye Bye Plastik" kannst du deinen Clean-up übersichtlich auf einer digitalen Karte eintragen und mit Gleichgesinnten teilen. Einfach einen Beutel mitnehmen und schon wird aus einem Strandspaziergang aktiver Naturschutz, der andere zum Mitmachen inspiriert. Infos unter **www.byebyeplastik.com.**

RECUP

gibt es schon lange auf der Insel und es ist so einfach und so cool: Kaffee im RECUP-Becher kaufen, Pfand bezahlen, unterwegs schlürfen und beim nächsten Teilnehmenden wieder abgeben. Infos und alle, die mitmachen, gibt es unter **www.recup.de**. Für den kleinen Snack zwischendurch schadet es auch nicht, einen eigenen Mehrwegbehälter dabeizuhaben und so Müll zu vermeiden.

ILLUSTRATIONEN: WWW.GETTYIMAGES.DE/ISTOCK/GETTY IMAGES PLUS/SUBTROPICA(1) | MARI_C (1), ADOBESTOCK

Erfolgsrezept hoch drei

Als erfolgreiche Unternehmerinnen haben sie sich auf der Insel und darüber hinaus einen Namen gemacht. Doch was ist das Erfolgsrezept dieser drei beeindruckenden Sylterinnen?

Text: Anke Pipke

FOTOS: MAIKE HÜLS-GRAENING & SINA HOYER

Melanie Jacobsen

Sylter Bonscherei

Melanie Jacobsen hat mit Herz, Liebe und Leidenschaft die kunterbunte „Bonscherei" geschaffen, in der man nicht nur schwelgen und kaufen, sondern auch ganz viel erleben kann.

Petra Stahl

SYLTSEA Meereskosmetik

Petra Stahl bietet in ihrem erfolgreichen „HAFEN SPA" in List ihren Kund*innen mit der selbst entwickelten Meereskosmetik SYLTSEA einen Urlaub für die Haut.

Imke Matthiesen

Blumen Hansen

Imke Matthiesen ist sehr erfolgreich mit ihrem Westerländer Blumenladen „Blumen Hansen" und kann einen Instagram-Account mit mehr als 50.000 Fans vorweisen.

Ein eigenes Spa auf Sylt, eine eigene erfolgreiche Pflegeserie für Gesicht und Körper. Wie hat alles begonnen?
Ich habe als Kosmetikerin unter anderem in Schönheitsfarmen und auf Kreuzfahrtschiffen Erfahrungen gesammelt. Ich war jung und ungebunden, wollte so viel wie möglich an Wissen mitnehmen und habe daher häufig meine Arbeitsplätze gewechselt. Dadurch habe ich alle Marken kennengelernt, von der Naturkosmetik der Schönheitsfarm bis zum High-End-Produkt in der Parfümerie. Ich habe zudem bis heute noch einiges an Ausbildungen gemacht, da das energetische Arbeiten, wie zum Beispiel Reiki, in unserer berührungsarmen Welt schon immer meine Faszination hatte. Später absolvierte ich eine umfangreiche Coaching-Ausbildung für regressive Hypnose, mein Herzensprojekt. So kann ich den Menschen wirklich das ganzheitliche Erlebnis für Körper, Geist und Seele anbieten.

Und was hat dich nach Sylt gebracht?
1998 brachte mich die private Liebe nach List. In mir wuchs der Wunsch nach beruflicher Selbstständigkeit auf dieser wunderbaren Insel. Und dann habe ich in meiner Wohnung in List einfach angefangen, das kleinste Zimmer zu einem Behandlungsraum umgebaut und mich im Bekannten- und Freundeskreis angeboten.

Und wie wurdest du bekannt?
Ich bin durch den Ort gegangen und habe Flyer in die Briefkästen gesteckt. Nach einem Jahr konnte ich ein kleines Geschäft mit einer Kabine und einem Empfangsbereich anmieten. 2005 konnte ich den nächsten größeren Laden mieten, mit drei Kabinen und zwei Mitarbeitenden. 2014 mietete ich mich parallel für zwei Jahre in der Alten Tonnenhalle direkt am Lister Hafen ein, um meine Marke SYLTSEA bekannt zu machen. 2016 konnte ich mir mit einer eigenen Immobilie in List meinen Traum vom Beautystore und Spa unter einem Dach direkt auf der Hafenstraße erfüllen.

> „Dass ich es von einem One-Woman-Betrieb zu einem Unternehmen mit acht Mitarbeitenden, einer eigenen Immobilie und einer eigenen Pflegeserie geschafft habe, ist für mich immer noch unglaublich."
>
> **Petra Stahl**

Wie bist du darauf gekommen, eine eigene Marke zu produzieren?
Ich wollte unbedingt etwas erschaffen, was Regionalität bedeutet und verbunden ist mit tollen, modernen Beautyrezepturen. Und die Thalasso-Therapie hat mich immer schon fasziniert. Das Meer hat so viele tolle Wirkstoffe, die die Hautregeneration fördern. Algen zum Beispiel ähneln bis zu 96 Prozent dem menschlichen Blutplasma. Diese zu kombinieren mit den modernen Trendwirkstoffen wie etwa Hyaluron oder Niacinamid, das hat mich angetrieben.

Aber du hattest ja als Chemikerin keine Erfahrung.
Nein, ich habe Kosmetikerin gelernt. Aber in mir schlummerte schon immer diese Leidenschaft, wissen zu wollen, wie Kosmetikprodukte zusammengesetzt sind und was wirklich in ihnen steckt. Je mehr ich wusste, desto klarer wurde mir, ich möchte eine Pflege kreieren ohne Gedöns und Schnickschnack, ohne unnötige Inhaltsstoffe, aber mit ganz viel Sylt.

Wie wurden deine ersten Produkte hergestellt?
Ich habe tatsächlich in meiner eigenen Küche Avocadobutter und Algen mit hundertprozentig naturreinen ätherischen Ölen zu Bodylotions und Körperölen zusammengerührt, mit Orange und Meersalz, Kakaobutter und Mandelöl herumprobiert. Mein Mann kam nach Hause und sagte, in anderen Haushalten riecht es sonntags nach Gulasch und bei uns duftet die ganze Küche nach Orange.

Das klingt wirklich abenteuerlich.
Angefangen habe ich mit sieben Produkten. Manchmal habe ich abends 50 Öle in meiner Küche gemacht, die waren dann am nächsten Tag verkauft. So konnte es natürlich nicht weitergehen. Ich habe die Produktion dann in meinen Laden verlegt, aber auch das wurde irgendwann alles viel zu viel.

Heute sind es ja 53 SYLTSEA-Produkte, die du im Angebot hast. Die werden sicherlich nicht mehr in deiner Küche hergestellt?
Heute habe ich eine Haupt-Kosmetikmanufaktur in Hamburg, in der die SYLTSEA-Produkte nach EU-Standards hergestellt und abgefüllt werden. Aber trotzdem ist es so, dass wo Sylt draufsteht, auch Sylt drin ist. Ich kaufe das Meersalz, die Algen, den Schlick-Extrakt auf Sylt ein. In der Manufaktur wird es dann verarbeitet. Jedes Produkt ist ohne Parabene, PEGs oder synthetische Düfte. Ich möchte jede einzelne Kundin davon überzeugen, dass echte und unverfälschte Produkte der eigentliche Luxus sind. Das ist meine Botschaft und das, wovon ich überzeugt bin.

Hast du dir einen Traum erfüllt?
Auf jeden Fall. Dass ich es von einem One-Woman-Betrieb heute zu einem Unternehmen mit acht Mitarbeitenden und einer eigenen Immobilie geschafft habe und dass ich meine eigene Pflege auf dem Beautymarkt präsentieren kann, in der jedes einzelne Produkt aus meiner vollen Überzeugung kreiert wurde, ist für mich immer noch unglaublich. Ich weiß, ich stehe auf der Sonnenseite des Lebens. Auch wenn es mal holperig war, bin ich doch nie vom Weg abgekommen.

Und wie soll der Traum weitergehen?
Ich arbeite daran, dass die Marke SYLTSEA noch weiter über Sylt hinaus bekannt wird. Dass man sie in privat geführten Geschäften, in Spa-Bereichen, Hotels oder auch auf Kreuzfahrtschiffen erleben und kaufen kann. Aber ihre Heimat ist und bleibt unser Hafen Spa & Meeresbeauty Store in List. »

Shampoo und Lotion mit Syltfeeling.

Petra hat mittlerweile 53 SYLTSEA-Produkte in ihrem Sortiment.

FREU' DICH AUF
FEINE FERIEN
BEI FINELINE
FINDE
DEINE FERIEN
FINELINE-SYLT.DE
ÜBER 150
FERIENUNTERKÜNFTE
FINELINE Sylt · Kirchenweg 8
25980 Sylt OT-Westerland
04651/886910-0 · info@fineline-sylt.de
FINELINE
SYLT

Bunt, lebhaft, voller Ideen. Eigentlich das weibliche Pendant zu „Hans Dampf in allen Gassen". Trifft diese Beschreibung auf dich zu?
Hundertprozentig. Mein Kopf ist immer voll mit Ideen, und geht nicht gibt's nicht.

Mutig bist du auch, sonst hättest du bestimmt nicht gewagt, einen Bonbonladen auf Sylt zu eröffnen?
Beruflich war ich zuerst wirklich auf einem ganz anderen Weg unterwegs. Ich habe im Einzelhandel und im Steuerfach gelernt und war im Unternehmen meiner Familie beschäftigt.

Und was kam dann dazwischen?
Mit einem Freund saß ich eines Abends bei dem einen oder anderen Gläschen zusammen und wir haben ein bisschen gesponnen. Dabei haben wir uns die Frage gestellt, was wir machen würden, wenn wir beruflich noch einmal ganz neu anfangen könnten? Meine spontane Antwort war: Ich würde gerne einen Bonbonladen wie bei Pippi Langstrumpf haben. Einen, wo jeder und jede gerne sein möchte. Und so wurde aus der Träumerei eines feucht-fröhlichen Abends ein Plan, eine Idee und am Ende die Erfüllung des Traums Bonbonladen. Und dann habe ich losgelegt.

Wie genau?
Das Bonbonmachen ist ein Kunsthandwerk, aber seit den 80er-Jahren kein Ausbildungsberuf mehr. Daher muss man jemanden finden, der sein Wissen weitergibt. Ich habe in Augsburg in der Manufaktur der Familie Uhlmann mitarbeiten dürfen und die Basics des Handwerks erlernt. Im Januar 2018 habe ich dann einen Laden mit rund 150 Quadratmetern in Rantum gemietet. Aber dann ging es erst einmal turbulent los.

Was war passiert?
In den Räumlichkeiten gab es einen immensen Wasserschaden und Schimmelpilzbefall. Fast anderthalb Jahre haben wir umbauen müssen. Ich habe viel investiert – Herzblut, Zeit, Geld und Eigenleistung auch mit viel Hilfe von Freund*innen, bis wir dann im April 2019 endlich eröffnen konnten. Zehn Monate später kam der Lockdown wegen Corona. Die nächste Katastrophe. Ich hatte viele schlaflose Nächte in der Zeit. Aber auch das haben wir als Team überstanden. Lächeln, winken, weitermachen – so lautet mein Motto.

Du hattest in Rantum erfolgreich ein Süßigkeiten-Eldorado geschaffen, mit Kaffeegarten und einem Kinder-Outdoor-Konzept, das sehr gut ankam.
Ich bin ja davon überzeugt, dass alles einen Sinn hat. Dinge, die passieren, haben für mich immer einen Grund. Am Vorabend vom Ende des ersten Lockdowns wurde im Fernsehen ein im Vorjahr gedrehter Beitrag über die

Bonbons treffen auf bunte Geschenkideen.

Bonscherei ausgestrahlt und wir damit über Nacht bekannt. Nach der Ausstrahlung haben uns die Leute die Bude eingerannt. Unzählige Leute besuchten uns, unendliche Menschenschlangen standen geduldig vor unserer Tür, um zu sehen, was wir machen. Die Bonbonkocherei wurde zu klein. Wir kamen mit unseren Produktionen und den Kundenwünschen nicht mehr hinterher und haben dann mutig beschlossen, uns mit einer Produktionsstätte in Tinnum – trotz der Zeiten – zu erweitern.

Und nun arbeitet ihr an einem neuen Standort in Westerland.
Mein Leben ist einfach eine Achterbahnfahrt. Mitten im Erfolg lief der Mietvertrag aus. Das und ein Weitermachen unter den neuen Bedingungen war für mich und meine sechs Mitarbeitenden nicht mehr denkbar. In derselben Woche tat sich die Option auf, nach Westerland zu ziehen. Wir haben als

Team den neuen Laden besichtigt und gemeinsam beschlossen, dass wir und unsere Kund*innen sich dort wohlfühlen werden. Nun sind alle Anträge gestellt und ich bin guter Dinge, dass ich bald eine neue Bonscherei aufmachen kann.

Wie wünschst du dir dein Konzept dort?

Wir haben leider keinen Kaffeegarten mehr, aber alles andere bleibt wie gehabt. Wir bleiben süß, kunterbunt und außergewöhnlich, und bieten natürlich eine offene Produktion zum Zuschauen. Neben den vielfältig-kreativen Süßigkeiten wollen wir Geschenkideen und Dekoartikel mit Sylt-Flair anbieten. Ich will Bonbons mit Popcorn und Tee kombinieren und unsere Lakritz-Marmelade endlich mit ihrer „Geschichte" versehen. Ich habe noch so viele Ideen.

Warum glaubst du, bist du so erfolgreich mit deinen Ideen?

Ich denke, um erfolgreich zu sein, muss man für das brennen, was man macht. Und das tue ich. Ich wollte etwas schaffen, das bunt ist, Freude bereitet und Fröhlichkeit verströmt. Einen Ort, an dem man zuschauen, staunen und lernen kann, der süß riecht und auch so aussieht. Wenn man sich traut, anders zu sein, selbst ganz fest daran glaubt und es mit dem Herzen umsetzt, bin ich überzeugt, dass jeder Plan aufgeht.

> Wenn man sich traut, anders zu sein, selbst ganz fest daran glaubt und es mit dem Herzen umsetzt, bin ich überzeugt, dass jeder Plan aufgeht.
>
> **Melanie Jacobsen**

Was möchtest du mit der Bonscherei noch erreichen?

Erstmal wollen wir im Juni in der Boysenstraße eröffnen. Parallel arbeiten wir an dem Relaunch unseres Online-Shops. Ganz heimlich träume ich von einer Bonscherei in den USA, Kanada oder auf Mallorca. Und wer weiß, vielleicht gibt es einen erneuten Abend mit dem einen oder anderen Glas Wein und auch einer dieser Träume wird wahr. Man sollte niemals nie sagen, wenn man überzeugt ist.

Lebensfreude pur!

Interview mit Imke Matthiesen

Bist du Sylterin?

Ich bin in Niebüll geboren und aufgewachsen, meine Lehrzeit habe ich zum Teil auf Sylt und teilweise auch auf dem Festland gemacht. Nach der Lehrzeit bin ich nach Sylt gegangen, zwischendurch fast neun Jahre in Süddeutschland gewesen und dann wieder zurückgekommen. Floristik hat mich schon immer interessiert. Meine Mutter sagte, du kamst zwar immer zu spät, aber in deinem Fahrradkorb lagen jedes Mal gepflückte Wiesenblumen.

Heute bist du Inhaberin von Blumen Hansen, ein Laden, der weit über Sylt hinaus einen Namen hat. Wie kam es dazu?

Ich habe im Blumengeschäft von Frau Hansen etwa zehn Jahre gearbeitet und hatte eine besondere Beziehung zu ihr. Immer respektvoll, aber auch sehr eng. Sie war ein Zugpferd, ein Vorbild, wie eine Mentorin für mich und dazu ein herzensguter Mensch. Ich wollte den Laden eigentlich nicht und sie wollte ihn mir auch nicht geben. Sie wusste genau, was das für ein Brocken ist. Tu's dir nicht an, hat sie gesagt.

Die Entscheidung hieß also hopp oder top?

Genau. Ich habe einen kleinen Sohn, der war damals erst 4 Jahre alt. Andererseits wusste ich auch nicht, was ich lieber tun würde. Ich bin ein sehr freiheitsliebender Mensch, habe meinen eigenen Kopf und bin da auch ein bisschen stur. So ist eigentlich eine Selbstständigkeit für mich perfekt. »

Du findest Imke Matthiesen bei Instagram unter @blumenhansen_sylt.

Mein Pool, meine Party, schalten und walten, wie ich will. Also habe ich 2017 das Geschäft übernommen.

Wie liefen die ersten Jahre?
Es lief Bombe. Ich war überwältigt von dem Erfolg, dem Riesenwachstum, von dem Gefühl, einfach machen zu dürfen. Da kann man mich ehrlich gesagt kaum bremsen. Und das war das Problem: Ich habe mich dabei ein bisschen selbst vergessen. Geschuftet wie im Rausch und gleichzeitig sehr ungesund gelebt. Zweimal die Woche nachts kaum geschlafen, weil ich zum Großmarkt nach Hamburg gefahren bin und morgens wieder im Geschäft stand, zwischendurch schnell irgendetwas gegessen. Da bin ich an meine Grenzen gekommen.

Wie hast du das bewältigt?
Ich habe eine Auszeit genommen und eine Kur in Süddeutschland gemacht. Zum Glück hat meine rechte Hand, Anna, den Laden in meiner Abwesenheit geschmissen. Heute geht es mir besser, aber ich habe erkannt, dass ich die Firma hochgewirtschaftet und mich selbst und meinen Körper heruntergewirtschaftet habe. Ich vergleiche mich gerne mit einem Labrador-Charakter. Je mehr man mir sagt, das hast du fein gemacht, umso mehr treibt mich das an weiterzumachen. Das ist mein persönliches Warum. Dass der Kunde oder die Kundin sagt, ist das schön, ist das toll, was Sie da gemacht haben.

Was sind die größten Herausforderungen?
Es gibt keine Florist*innen mehr auf dem Markt, also musste ich mir etwas einfallen lassen. Immerhin haben wir ja die wunderschöne Insel, mit der wir punkten können. Mein Konzept ist heute so, dass man sich auf unserer Homepage innerhalb von 30 Sekunden mit ein paar Klicks bewerben kann und die Option hat, zunächst erst einmal nur für ein Jahr zu kommen. Ich biete eine möblierte Wohnung oder ein Zimmer in einer WG, Fahrräder, eigentlich das Rundum-sorglos-Paket.

Eine große Herausforderung war sicherlich auch Corona. Da hast du dir einen Instagram-Account mit mehr als 50.000 Follower*innen aufgebaut. Wie erklärst du dir diese Karriere als Influencerin?
Ich glaube, es kommt gut an, dass ich dort so authentisch bin, auch Einblicke gewähre in meine Gedanken. Aber auch dadurch, dass ich die Follower*innen hinter die Kulissen schauen lasse, dass sie etwas von der schönen Insel Sylt sehen, dass ich sie per Bilder und Video mitnehme zum Blumengroßmarkt und unsere Arbeit zeige, mit allen Höhen und Tiefen. Gute Zeiten, schlechte Zeiten, sage ich immer.

Hat diese Instagram-Aktivität den Online-Verkauf befeuert?
Ja, der ist richtig explodiert. Wir verschicken aber keine Schnittblumen oder verderbliche Waren, außer zum Muttertag oder zu Weihnachten. Ehrlicherweise ist es so, dass ich manchmal

Aufträge ablehnen muss, weil wir es nicht mehr schaffen.

Warum bist du so erfolgreich mit deinem Sylter Blumenladen?
Mein Ziel ist es gar nicht erfolgreich zu sein. Ich möchte mich immer wieder neu erfinden mit meinen Sachen. Das bringt mir so viel Spaß. Abends im Bett überlege ich schon wieder, was ich am nächsten Tag schönes Neues machen könnte. Meine kreativen Gedanken umsetzen zu können und dann dafür noch die Begeisterung der Kund*innen zu bekommen, das ist der Motor, der mich antreibt. Ruhm, Ehre, Lob und Anerkennung, das ist das, wofür ich arbeite.

> „Meine kreativen Gedanken umsetzen zu können und dann Begeisterung der Kund*innen zu bekommen ist mein Motor."
>
> **Imke Matthiesen**

Wo soll es noch hingehen?
Schwierig zu beantworten, weil ich immer so im Hier und Jetzt bin. Ich möchte eigentlich weiter lernen, das richtige Maß bei allem zu finden. Und bin da auf einem guten Weg. Die Arbeit soll weiterhin Spaß machen, aber mich nicht mehr überfordern.

myabo
clever mieten
ab 19€*
#3
myabo Store
#2
#1
unsere Stationen:
Store Westerland
Strandstraße 11
04651 9751632
#1 Samoa Seepferdchen
Hörnumer Str. 70
#2 Campingplatz Mühlenhof
Melnstich 7
#3 Boutique Hotel Villa Monika
Johann-Möller-Straße 32
myabo
Hallo: Inselträume!
Moin: Myabo!
clever mieten
www.myabo.de/buchen
Premium E-bikes von myco auf Sylt mieten
ÜBERALL STARTEN MIT UNSEREM
Bring- & Abhol-service!
myabo Store | Strandstr. 11 in Westerland | 25 980 Sylt | 04651 9751632 | sylt@myabo.de
* Halbtagesmiete

Eine Insel, die zusammenhält

Aus einer einfachen Idee entstand vor über einem Jahrzehnt die größte Online-Gemeinschaft der Insel: „Gesucht-Gefunden Sylt". Die Facebook-Gruppe mit heute über 12.500 Mitgliedern symbolisiert echte Insel-Solidarität. Als anerkannter Förderverein seit 2015 hat GGS schon vielen Menschen geholfen und sogar Leben gerettet. Ich möchte die Initiative mit einer Spende unterstützen.

Text: Finja Schulze

FOTOS: ESTHER JÖRGENSEN | ILLUSTRATION: HÖSTI

Sylt Fräulein mit dem GGS-Team: Anke Nielsen, Ulrike Bergmann, Oliver Sippel, Conny Timm, Achim Krause, Heike Kulk, Björn Nielsen (von links).

Alles begann mit einer einfachen Suche nach dem Monty-Python-Film „Das Leben des Brian". Der Morsumer Björn Nielsen wandte sich hilfesuchend an seine 100 Facebook-Freund*innen und erhielt nicht nur eine, sondern gleich zwei DVDs des Films. Was 2011 als kleine Anekdote begann, entwickelte sich zu einer beeindruckenden Erfolgsgeschichte. Die Idee war einfach, aber genial: „Ich wollte eine digitale Nachbarschaftshilfe für Sylt ins Leben rufen. Unter dem Namen ‚Gesucht-Gefunden Sylt' eröffnete ich einen Facebook-Account. Die Resonanz war überwältigend und aus einer Idee wurde eine etablierte Facebook-Gruppe", erzählt Björn. Mit über 12.000 Mitgliedern ist GGS mittlerweile die größte „Community" der Insel, eine riesige Online-Gemeinschaft, die der Gründer schon nach kurzer Zeit nicht mehr alleine betreuen konnte.

„Beieinander, Miteinander, Füreinander"

Im Laufe der Jahre hatte die Gruppe daher elf engagierte Administrator*innen, die Björn tatkräftig unterstützten und von denen heute noch sieben im Amt sind. Sie sind das Herz von GGS.

> „Gesucht-Gefunden Sylt soll die Sylter*innen enger zusammenbringen, das Leben für sie etwas einfacher – Probleme etwas lösbarer machen."
>
> **Björn Nielsen**

„Gemeinsam investieren wir unzählige Stunden, um die Gruppe und den Förderverein zu leiten und Spenden zu sammeln", erzählt Conny Timm, die von Anfang an als Admin mit an Bord ist. Vom Benefiz-Bowling über Glühweinstände bis hin zu Kartoffelfesten – im Laufe der Jahre kamen durch zahlreiche Aktionen und Projekte zusätzlich mehr als 450.000 Euro für Sylter Vereine und bedürftige Familien zusammen. „Wegen des großen Spendenaufkommens habe ich 2015 den Förderverein gegründet. Ohne ging es nicht mehr", sagt Björn. Das Motto von GGS „Beieinander, Miteinander, Füreinander" ist also kein leeres Versprechen, sondern ein gelebtes Prinzip. „Gesucht-Gefunden Sylt ist nicht nur eine Plattform für Anfragen und Hilfe, sondern auch ein emotionales Auffangnetz für die Mitglieder", betont Björn und erzählt die bewegende Geschichte einer Westerländer Familie, die ihren Ehemann und Vater verloren hat. Die GGS-Gemeinschaft mobilisierte finanzielle Unterstützung und die Solidarität war überwältigend. Sylter Privatpersonen, Firmen, Gemeinden und sogar eine Stiftung halfen so großzügig, dass sogar PayPal den Zugang zum Konto sperrte, weil „zu viel" Geld „zu schnell" einging. „Unvergessen bleibt für mich die Typisierungsaktion für den einjährigen Berat, der an Blutkrebs erkrankt war. Über 1.200 Menschen haben sich innerhalb weniger Stunden typisieren lassen und mit rund 50.000 Euro Spenden konnte die DKMS die Bearbeitung der Proben finanzieren. Vier Spender*innen sind aus der Aktion hervorgegangen und auch Berat hat seinen Lebensretter gefunden", erinnert sich Conny noch immer gerührt von dieser lebensverändernden Geschichte. »

Mit der Gründung von „Gesucht-Gefunden Sylt" auf Facebook schuf Björn Nielsen nicht nur eine Plattform für Anfragen und Hilfe, sondern auch eine außergewöhnliche Gemeinschaft, die sich in den folgenden Jahren zu einer der größten auf der Insel entwickeln sollte.

Die Gruppenregeln

- Diese Gruppe ist ausschließlich für Sylter*innen und auf Sylt arbeitende Menschen gemacht. Hier Mitglied zu sein heißt auch, andere unterstützen zu wollen.

- Wir alle sind für einen freundlichen Umgang miteinander verantwortlich. Wir respektieren einander hier in der Gruppe.

- Alle sollten sich sicher fühlen. Bullying ist nicht erlaubt und erniedrigende Kommentare zu Herkunft, Religion, Kultur, sexueller Orientierung, Geschlecht oder Identität werden nicht toleriert.

- Keine Verkäufe, außer der Erlös geht an einen guten Zweck – z. B. unseren GGS-Förderverein oder aber auch andere Sylter Einrichtungen.

- GGS frisst viel Zeit der Admins. Bitte macht uns nicht noch zusätzlich Arbeit. Keine Werbung (ohne Absprache), kein Anprangern von Firmen oder Personen, keine Markierungsspielchen bitte.

- WENN schon Werbung, dann bitte nur, wenn sie mit uns abgesprochen wurde. Wir lassen Werbung in regelmäßigen Abständen zu, WENN für die Gruppenmitglieder ein Vorteil herausspringt.

Gesucht-Gefunden Sylt

Kleine Geschichten, große Bedeutung

Neben den großen Meilensteinen sind es unzählige kleine Geschichten, die den Alltag von GGS ausmachen. Von der Vermittlung neuer Jobs oder Wohnungen über das Verschenken von Möbeln oder Spielsachen bis hin zum Wiederauftauchen verloren geglaubter Gegenstände oder Haustiere – die Gruppe ist ein Ort der Unterstützung und des Austauschs. Auch wichtige Informationen für die Allgemeinheit werden dort verbreitet. Damit die positive Atmosphäre erhalten bleibt, gibt es klare Regeln: Werbung ist nur erlaubt, wenn sie dem Förderverein oder anderen gemeinnützigen Einrichtungen zugute kommt. Und Mitglied kann nur werden, wer auf Sylt lebt, arbeitet oder geboren ist. Die Gruppe ist frei von Denunziation, Streit und Fake News.

Sylt Fräulein supports GGS

Nachdem ich das GGS-Team einige Male zum Gespräch getroffen habe, bin ich nachhaltig beeindruckt. Beeindruckt von dem Engagement, mit dem das Team alle Hebel in Bewegung setzt, um Hilfesuchende in der Gruppe zu unterstützen und manchmal sogar Unmögliches möglich zu machen – und das alles ehrenamtlich. Aus diesem Grund möchten falkemedia und ich mit unserer diesjährigen Charity-Aktion den GGS-Förderverein mit einer großzügigen Spende von 15.000 Euro unterstützen. Dazu haben sich die 18 Gastronomiebetriebe, die im herausnehmbaren Gastro-Guide aufgeführt sind, sowie die NOSPA zusammengeschlossen und jeweils einen Betrag zur Verfügung gestellt. Im Juni 2024 werde ich im Rahmen meiner Magazin-Release-Party den symbolischen Spendenscheck persönlich an Björn Nielsen und sein Team überreichen. Mit dieser Geste möchte ich meiner Herzensinsel und den Menschen, die ihr ein Gesicht geben, etwas von der Wertschätzung und Unterstützung zurückgeben, die sie mir seit Jahren entgegenbringen. Denn in einer Zeit, in der digitale Verbindungen oft oberflächlich erscheinen, steht Gesucht-Gefunden Sylt auch 13 Jahre nach der Gründung für echte Menschlichkeit und beweist, dass eine starke Inselgemeinschaft keine Grenzen kennt.

Möchtest du den GGS-Förderverein mit einer Spende unterstützen?

Spendenkonto:
GGS-Förderverein e.V.
IBAN:
DE53 2174 1825 0195 6622 00
PayPal:
info@gesucht-gefunden-sylt.de

b) Sonnenschein mit leichter Brise – perfekt für lange Strand-spaziergänge.
c) Leicht bewölkt – optimale Bedingungen, um eine Galerie zu besuchen.
d) Goldene Stunde – meine Gourmetplatte verdient das beste Licht.

Frage 4:
Welche Sylter Spezialität lässt dein Herz höherschlagen?
a) Frische Krabben – am besten im Brötchen!
b) Selbst gepflückte Salzwiesenkräuter – Natur pur!
c) Ein Stück original Friesentorte in einem urigen Café.
d) Eine Weinprobe auf dem Sylter Weinberg in Keitum – edel und exklusiv.

a) Neoprenanzug und Surfbrett – die Wellen warten nicht.
b) Fernglas und Pflanzenführer – für die Sylter Flora und Fauna.
c) Ein Reiseführer mit den besten Kunstausstellungen und historischen Stätten.
d) Gastro-Tipps vom Sylt Fräulein und eine Liste der Michelin-restaurants.

Frage 8:
Deine Lieblingsschuhe für die Insel sind …
a) Stabile Wanderschuhe – das nächste Abenteuer wartet.
b) Barfuß – denn nichts verbindet mich mehr mit der Natur.
c) Bequeme Turnschuhe – perfekt für einen kulturellen Stadtbummel.
d) Elegante Sandalen – schließlich weiß man nie, wann eine Einladung zum Dinner kommt.

Frage 9:
Deine Reaktion auf den Satz „Sylt ist nur was für Schickeria“:
a) „Pah, bei meinem letzten Surf habe ich keinen Promi gesehen – nur Möwen und Schweinswale!“
b) „Ach was, Sylt ist ein Naturparadies und das hat nichts mit Schickimi-cki zu tun.“
c) „Sylt hat auch kulturell so viel zu bieten, das sehen viele gar nicht.“
d) „Nun, ein bisschen Luxus darf schon sein und der Genuss darf auch nicht zu kurz kommen.“

Auswertung

Abenteurer*in

A

Überwiegend A: Du bist der/die Abenteurer*in: Wind im Haar, Salz auf der Haut und immer auf der Suche nach dem nächsten Nervenkitzel – für dich kann es gar nicht wild genug zugehen. Die Insel ist dein persönlicher Spielplatz. Deine Superkraft: Als Meister*in der Elemente kannst du den Wind zu deinem Vorteil nutzen, surfst auf den höchsten Wellen und kontrollierst die Gezeiten (zumindest in deiner Vorstellung).

Meine Tipps für dich:
1. Ein Rundflug mit dem Segelflugzeug beim Aero-Club Sylt e.V.

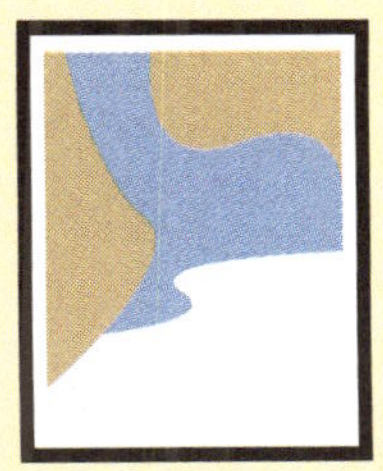

Kulturfan

C

Überwiegend C: Du bist der Kulturfan! Bei dir geht es nicht nur um Strandspaziergänge – du suchst die versteckten Schätze Sylts. Ein Tag ohne Galeriebesuch oder ohne zu erfahren, welche Geheimnisse die Inselgeschichte birgt,

Welcher Sylt-Typ bist du?

Frage 1:

Deine ideale Unterkunft auf Sylt wäre …

a) Ein Zelt auf dem Campingplatz – Hotelsterne? Ich schlaf unter echten Sternen!

b) Eine gemütliche Pension, wo es jeden Morgen frische Brötchen gibt.

c) Ein stylishes Loft mitten im Kulturgeschehen von Westerland.

d) Eine Luxus-Suite mit Whirlpool und Meerblick – weil der Meeresrauschen-Wecker das beste Gute-Laune-Tool ist.

Frage 2:

Ein typisches Souvenir, das du von Sylt mitnehmen würdest, ist …

a) Selbst gesammelte Muscheln und bemalte Steine.

b) Ein Glas selbst gepflückter Heckenrosen-Marmelade – süß und naturbelassen.

c) Eine CD mit friesischen Shanty-Chören – Kultur zum Mitnehmen!

d) Sylter Meersalz für den Hauch von Sylt in meiner Küche.

Frage 3:

Das perfekte Sylt-Wetter für dich ist …

a) Ein stürmischer Tag – ideal zum Kitesurfen und Wellenreiten.

Frage 5:

Deine Traumaktivität auf Sylt ist …

a) Fallschirmspringen über der Insel – Adrenalin, ich komme!

b) Eine geführte Wattwanderung mit einem echten Sylter.

c) Ein mehrtägiger Malworkshop unter freiem Himmel.

d) Eine Tour durch Sylts Sternerestaurants – schlemmen auf höchstem Niveau.

Frage 6:

Der Sylter Sommer bedeutet für dich …

a) Endlose Tage auf dem Wasser und das Salz auf der Haut als natürliches Parfum.

b) Stunden des Staunens inmitten blühender Landschaften.

c) Eine belebte Szenerie voller Kunst und Musik wie bei langen Abenden bei Open-Air-Konzerten an der Strandmuschel in Westerland.

d) Die Freude an lauen Sommertagen bei einem Strandpicknick mit exquisiten lokalen Spezialitäten, untermalt vom sanften Rauschen der Wellen.

Frage 7:

Was darf in deinem Koffer nicht fehlen?

FOTOS: ESTHER JÖRGENSEN

Der Fischdrucker von Sylt

Millo Lüderitz lässt uns in seinem Wohnzimmer-Atelier ausnahmsweise einen Blick in seinen Schaffensprozess werfen. Aus Fischen, Farbe, Pinsel und Stoff kreiert der Sylter ganz besondere Kunstwerke.

Text: Jasmin Heimberger

Auf Sylt gibt es viele Biografien, die eng mit dem Meer verbunden sind. Auch Millo Lüderitz hat sein bisheriges Leben stets in Wassernähe verbracht: Mit zehn reitet er seine erste Nordseewelle. Er lernt früh zu angeln und zu segeln. Mit 20 Jahren sitzt er als Rettungsschwimmer am Strand. Und dort bleibt er auch erst einmal: Mehr als dreißig Sommer lang hat er ein wachsames Auge auf die Badegäste zwischen Kampen und Rantum. Nebenbei arbeitet er als Fliesenleger, um im Winter den Wellen hinterherreisen zu können. Doch damit ist jetzt Schluss. Zumindest mit dem Dasein als Rettungsschwimmer: „Den Job habe ich letztes Jahr aufgegeben, man wird ja nicht jünger", sinniert Millo. „Aber das Meer bekommst du nach so langer Zeit nicht aus einem raus", fügt er hinzu. Und so verwundert es nicht, dass er seine neugewonnene Zeit nun einer langjährigen Leidenschaft widmet, die ihn mit dem Wasser eng verbunden hält: dem Fischdruck. Millo entdeckt die Kunstform, mit der japanische Fischer Mitte des 19. Jahrhunderts ihre Fänge dokumentierten, schon in den 1990er-Jahren. „Auf Hawaii war das damals modern, da hingen viele solcher Bilder in den Restaurants und mein Kumpel hat mir davon erzählt." Fasziniert ist er schnell, doch erst ein ganz besonderes Erlebnis auf Sylt lässt ihn schließlich selbst zu Fisch und Pinsel greifen: „Ich habe mir ein Tattoo zeichnen lassen, einen Kalmar. Als dann genau so ein Tier im Flutsaum lag, war das wohl das Zeichen, das ich noch brauchte." Das Tattoo ziert heute seinen Oberarm und auch der angespülte Kalmar wurde verewigt: „Da drüben über dem Sofa, das ist er. Das war mein erster Fischdruck", sagt er und zeigt auf eine große Leinwand, auf der ein Kraken zu tanzen scheint. Das war im Jahr 2000, seitdem druckt er unter „Meerweg Sylt" regelmäßig Fische. Schwertfische, Petrifische, Zackenbarsche, und auch das Sylter Wappentier, der Hering, wurden unter seinen Händen zu Kunst.

Der ehemalige Rettungsschwimmer Millo hat die traditionelle japanische Kunst des Fischdrucks für sich entdeckt. „Gyotaku" ist eine Praxis, die bis Mitte des 19. Jahrhunderts zurückreicht.

In seinem Wohnzimmer-Atelier druckt Millo regelmäßig Fische und Meerestiere auf Leinwand. Der Kraken rechts an der Wand war sein erstes Werk.

Ein Moment des Innehaltens

„Eigentlich drucke ich nicht vor Publikum und normalerweise beginne ich immer mit einem Ritual", verrät Millo, während er den Wolfsbarsch auf seinem Wohnzimmertisch für den »

ersten Druck des Tages vorbereitet. Weihrauch gehöre normalerweise dazu und ein Moment des Innehaltens und der Dankbarkeit, so erzählt er. Heute legt er stattdessen direkt los: Zunächst grundiert er den Fisch mit schnellen Pinselstrichen weiß, dann kommt Farbe ins Spiel. Mal bleibt er dabei nah am Original, manchmal wird es bunt, mal glitzern die Bilder oder sind fluoreszierend. Heute greift er zu Pink und Gelb. „Das leuchtet gleich schön auf dem schwarzen Stoff." Sorgfältig bepinselt er zunächst den Körper und setzt dann Akzente auf Flossen und Gesicht. Besonders konzentriert widmet er sich dem Auge. „Das sind die kleinen Details, auf die es ankommt. Die Drucke im Nachhinein auszubessern, ist tabu." Millo legt den Pinsel zur Seite, schaut sein Werk prüfend an und scheint zufrieden. Dann bedeckt er das Tier langsam mit einem Stück Baumwollstoff und arbeitet mit seinen Fingern gefühlvoll die Form des Fisches heraus. Im gemütlichen Wohnzimmer, in dem wir gerade noch nett geplaudert und gelacht haben, ist es plötzlich völlig still. Eine ganz besondere Atmosphäre breitet sich aus, die sich kaum greifen lässt. „In dem Moment, wenn man den Stoff abzieht, geht die Seele des Fisches darin über", beschreibt Millo diesen nahezu magischen Augenblick. Und Seele hat der entstandene Druck dann tatsächlich:

Der Kraken ziert nicht nur Millos Oberarm, sondern auch eine Leinwand mit seinem ersten Fischdruck.

Der Fisch wirkt frech und fröhlich, man erkennt seine Schuppenstruktur, aber auch Millos Pinselstriche. Ein wirklich dekoratives Bild ist entstanden, für das er später noch den passenden Rahmen aus Sylter Treibholz anfertigen wird. Darin bleibt der Fisch dann für die Ewigkeit erhalten – und das scheint dem Sylter Fischdrucker ein echtes Anliegen zu sein: „Wenn ich einen Fisch drucke, lebt er für immer, er ist nicht einfach weg. Er verschwindet nicht einfach so, ohne eine Spur hinterlassen zu haben." Die Insel zu verlassen, kam für Millo bisher übrigens nicht infrage. „Woanders müsste ich auch arbeiten. Das kann ich ja auch hier." Und so wird er sich auch in den nächsten Jahren der Nordsee widmen. Und der Kunst. Sein alter Job kommt ihm dabei zugute: „Dadurch, dass ich so lange Rettungsschwimmer war, kommt das Treibholz zu mir und die Fische kommen auch." Für Sylter Gyotaku ist also auch in Zukunft gesorgt.

Seine Drucke stellt Millo im Café Curve, im Tofree und im S-Point aus. Demnächst will er ein Atelier mit Galerie in Tinnum eröffnen. Mehr erfährst du auf Instagram @meerweg_sylt.

Luxus mit Flügeln

Was hat eine Schweizer Uhrenmarke mit Zugvögeln auf Sylt zu tun? Auf den ersten Blick nicht viel, doch Blancpain zeigt mit seinem Engagement am Rantumbecken, dass Luxus und Naturschutz durchaus Hand in Hand gehen können.

Text: Finja Schulze

Ich hätte nie gedacht, dass mich eine Uhr so verzaubern könnte wie die Ladybird Colors von Blancpain. Die Kollektion, die in verschiedenen Farbtönen erstrahlt, wurde speziell für die moderne Frau entwickelt, und ich durfte eines dieser Schmuckstücke auf Sylt in Szene setzen. Blancpain, ein Unternehmen mit jahrhundertealter Tradition, hat schon immer anspruchsvolle Uhrenliebhaber*innen mit seiner unvergleichlichen Hingabe an Präzision und Schönheit fasziniert. Jede Uhr verkörpert außergewöhnliche Handwerkskunst und zeitlose Eleganz. Doch die Manufaktur engagiert sich nicht nur für herausragende Uhrmacherkunst – sondern setzt sich auch leidenschaftlich für den Schutz der Ozeane ein. Diese Verbindung geht auf das Jahr 1953 zurück, als Blancpain mit der Fifty Fathoms die erste moderne Taucheruhr vorstellte. Seit vielen Jahren unterstützt das Unternehmen mit dem „Ocean Commitment" weltweit Projekte, die sich dem Schutz und der Erforschung der Meere widmen. Dazu gehört seit 2022 auch das Engagement im Rantumbecken auf Sylt. Gemeinsam mit der gemeinnützigen Organisation aquatil und dem Verein Jordsand wurden dort drei Sandinseln geschaffen, die seltenen Zugvögeln neue Brut- und Rastplätze bieten. Mit jedem Verkauf eines Sondermodells der Fifty Fathoms Bathyscaphe-Kollektion wurden zusätzlich sogar 1.000 Euro gespendet.

Die drei Sandinseln am Rantumbecken, die vom Deich aus gut sichtbar sind, können auch auf Google Earth entdeckt werden.

Die Blancpain Ladybird Colors ist bei Juwelier Spliedt in Kampen erhältlich.

Ein Paradies für Zugvögel

Das Rantumbecken gehört zum UNESCO-Weltnaturerbe und ist jedes Jahr Rastplatz für Millionen Zugvögel aus aller Welt. „Die drei neu geschaffenen Sandinseln lockten bereits im ersten Jahr über 41 Vogelarten an, denen sie einen Lebensraum und eine Überlebenschance bieten. Dieses Projekt markiert einen wichtigen Schritt im Schutz mariner Lebensräume", erklärt Dr. Ralph Schill von aquatil. Um die Bedeutung des Vogelschutzes vor allem Kindern und Jugendlichen zu vermitteln, sind auch eine Aussichtsplattform und ein Bildungsprogramm geplant. In einer Welt, die sich ständig wandelt, setzt Blancpain damit ein Zeichen: Luxus, der nicht nur die Zeit misst, sondern auch Zeit schenkt – den Vögeln des Rantumbeckens, der Natur und uns allen.

KONTAKT:
www.blancpain.com/de
@blancpain1735

FOTOS: PETER HERING, RALPH SCHILL, ESTHER JÖRGENSEN

#Inselinspo

Inspirierende Inselgesichter und Lieblingsprodukte aus Liebe zu Sylt.

Von mir für dich

Jedes Jahr erscheinen meine schönsten Fotografien in einem hochwertigen Wandkalender. Erhältlich ab August in meinem Onlineshop unter **shop.syltfraeulein.de** zum Preis von 29,90 Euro. Das ideale Geschenk für alle Sylt-Fans!

#strandbegleiter

Aus Sylt-Stoff gemacht

Ich bin verliebt in die Sylt-Kollektion von AFJ love Keitum und THE HOLY GOAT. Das Sylt-Plaid mit den einzigartig gestickten Symbolen der Insel ist jetzt auch in neuen sommerlichen Farben erhältlich. Was die Produkte des Münchner Kaschmir-Labels so besonders macht: Die schicken Farbkombinationen, die Weichheit, die Leichtigkeit und Wärme. Vor allem aber die ethische und nachhaltige Herstellung. Und die hübsche Tasche ist mein neuer Strandbegleiter!

Gurtstig 13 in Keitum
www.afj-keitum.de

Inselguide auf die Ohren

Stell dir vor, du fährst mit dem DB Sylt Shuttle in Richtung Insel und wirst begleitet von inspirierenden Geschichten und den frischesten News. Genau das bietet dir jetzt der brandneue Info- und Service-Podcast von Antenne Sylt, moderiert von Sean Eissing. Mit einer Prise Meersalz und der abwechslungsreichen Musik-Playlist im Gepäck wird deine Überfahrt so zum Erlebnis. Als Sylt Fräulein bin auch ich Teil des Programms. Ich lüfte die Geheimnisse der Insel und verrate dir meine neuesten Tipps. Achte auf den QR-Code an den Terminals – einfach einscannen, und schon läuft inselguide.fm auf deinem Smartphone.

Weitere Eindrücke der bezaubernden Schmuckstücke aus dem Sylter Ring-Atelier gibt es unter www.sylter-ring-atelier.de.

Insta-Tipp

@zoehelmle

Auf ihrem Instagram-Account nimmt Zoe ihre Follower*innen mit in ihren Alltag auf der Insel, den sie gemeinsam mit Ponystute Prinzessin verbringt. Zoe ist auf Sylt aufgewachsen und seit über 10 Jahren sind die beiden nun schon ein Team. Am liebsten erkunden sie gemeinsam das Gelände der Insel und galoppieren am Strand entlang. Wer Sylt-Ästhetik in Kombination mit zuckersüßem Pony-Content sucht, ist hier genau richtig.

3 Fragen an …

… Simone Knitter, nördlichste Juwelierin Deutschlands. In ihrem Sylter Ring-Atelier in List findest du Schmuckstücke, mit denen du deine Sylt-Liebe besiegeln kannst.

Was macht das Sylter Ring-Atelier aus?
Wir sind spezialisiert auf zauberhafte Trauringe, Verlobungsringe und ausgefallenen Brillantschmuck. Mit unseren Sylt-Ringen haben wir besondere Schmuckstücke kreiert, die der Inselliebe Ausdruck verleihen.

Wie bist du sonst im Auftrag der Inselliebe unterwegs?
Mein Steckenpferd sind Hochzeiten. Ich bin als Hochzeitsplanerin und Traurednerin exklusiv für unsere Schmuckkund*innen im Einsatz und fasziniert, wie sich auf Sylt Hochzeiten auf das Wesentliche reduzieren: Es haben sich zwei Menschen gefunden, die den weiteren Weg miteinander gehen möchten. Diese besonderen Tage intensiv zu begleiten, begeistert mich.

Gehst du als Hochzeitsplanerin individuell auf deine Kund*innen ein?
Zu 100 Prozent! In all den Jahren habe ich um die 250 Veranstaltungen aller Couleur betreut und keine einzige war auch nur im Ansatz ähnlich wie die andere. Das ist mir ganz wichtig.

FOTOS: ESTHER JORGENSEN, SONJA ROMMERSKIRCH, JASMIN HEIMBERGER

Insel Heimat

Erfahre ...

- ... wie du den Lister Ellenbogen schützen kannst
- ... warum der Hörnumer Campingplatz besonders schön ist
- ... welches Inselgesicht hinter der neuen Kinderbuchreihe „Willi und Wilma“ steckt
- ... Wissenswertes rund um die kleinen Schweinswale

Einsame Spitze

Superlative klingen schnell abgegriffen und übertrieben, aber wer den Sylter Ellenbogen beschreiben möchte, kommt nicht ohne sie aus. Der nördlichste Punkt Deutschlands, die intakteste Natur mit der umfangreichsten Artenvielfalt auf der Insel, die größtmögliche Einsamkeit jenseits des Trubels. Einfach ein einzigartiger Ort

Text: Anke Pipke

FOTOS: MAIKE HÜLS-GRAENING & FINJA SCHULZE

Schafe anfassen ist strengstens verboten auf dem Ellenbogen, nur Rangerin Stella Kinne darf das im Rahmen ihrer Arbeit ab und zu mal tun.

Auch wenn man von Sylt als Insel schon begeistert ist, am Ellenbogen gerät man noch einmal mehr ins Schwärmen. Hier endet der aus Dünen bestehende nördliche Sylter Nehrungshaken mit dem weit ausladenden Listland. Raus aus dem Trubel von Westerland, Kampen oder List offenbart sich einem eine geradezu neue Welt. Eine eindrucksvolle und beruhigende Landschaft, die das Herz eines jeden Naturfans höherschlagen lässt. Wer dort wandert, ist von der Weite und der rauen Schönheit der Nordsee umgeben. Und von einer ganzen Menge Schafe, die dort frei umherlaufen und stets Vorfahrt haben. Die Dünen, durchzogen von Gräsern und Wildblumen, bilden ein dynamisches Mosaik aus Farben und Texturen, das sich mit den Jahreszeiten wandelt. Die Salzwiesen sind ein vitaler Lebensraum für viele Vogelarten, besonders im Frühjahr und Sommer, wenn die Vögel brüten und die Pflanzen in voller Blüte stehen. Beim Wandern am Strand und um die Spitze herum ist der meist kraftvolle Wind ein Begleiter, der über die offene Landschaft streicht und das Meer schäumen lässt. Ein Gefühl von Freiheit und Unendlichkeit macht sich breit. Ungläubig fragt man sich, bin ich wirklich noch auf Sylt?

Eintritt am Mauthäuschen

So viele Natur-Attraktionen, so viel Einmaliges. Dafür zahlt man dann auch gerne einen Eintritt, denn so kommt einem die Mautgebühr vor, die man als Autofahrer*in beim kleinen hölzernen Häuschen am Eingang zum Ellenbogen zu entrichten hat. Was für ein besonderer Arbeitsplatz im nördlichsten Mauthäuschen der Republik! Für die Sylterin Karin Naujoks war er es 20 Jahre lang und noch heute kann sie viele Geschichten davon erzählen. „Wenn es Leerlauf gab, habe ich Strümpfe gestrickt", erinnert sich die Listerin. „Außer, wenn sich das Licht gerade mal wieder drehte. Dann habe ich aus dem Fenster in die Natur geguckt. Du hast da ja den besten Ausblick." Natürlich habe sie auch einige Prominente passieren lassen wie Udo Lindenberg, Günter Netzer oder Joja Wendt. Und so manchen Gästen musste sie erklären, dass es am Ende des Ellenbogens wirklich kein GOSCH-Restaurant gibt. »

Karin Naujoks, die Großtante von Sylt Fräulein Finja, hat 20 Jahre lang an dem kleinen Mauthäuschen gearbeitet.

Der rot-weiß gestreifte Leuchtturm List-Ost und sein weißer Zwilling List-West werden seit 1977 von Tönning, dem Sitz des zuständigen Wasser- und Schifffahrtsamtes, ferngesteuert.

Wenig Bewohner*innen, viel Natur

Am Ende des Ellenbogens. Das klingt verheißungsvoll. Wie ein Sehnsuchtsort. Sieben Euro kostet die Weiterfahrt dorthin über die knapp sechs Kilometer lange Straße, Dünen links, Wattenmeer rechts, zwei Leuchttürme, einer im Westen und einer im Osten, Gras, Strandhafer, Sand und unzählige gemütlich grasende Schafe. Sie spielen eine wichtige Rolle bei der Landschaftspflege, indem sie schädliche invasive Pflanzen wie Rosa rugosa fressen. Die betonierte Route führt durch Privatland. Rund 40 Erb*innen des sogenannten Listlandes – das reicht vom Klappholttal bis zur Ellenbogenspitze – teilen sich heute das Areal. Sie wohnen auf Sylt und anderswo. Zwei davon leben dauerhaft auf dem Ellenbogen, an seinem Ende oder auf seiner Spitze, wie man es auch betrachten möchte, direkt im Vogelschutzgebiet. Thomas Diedrichsen und seine Ehefrau Conni bewohnen das Haus, das Connis Vater einst kaufte, und vermieten dort 11 Ferienwohnungen in zwei reetgedeckten Häusern. Außer ihren drei Häuschen gibt es auf dem Ellenbogen nur noch zwei weitere Häuser. Als die beiden Leuchttürme in den 1950er-Jahren automatisiert wurden, benötigte man keine Leuchtturmwärter und dementsprechend keine Leuchtturmwärterhäuser mehr und verkaufte sie. Das Haus am Ostfeuer wurde im Laufe der Jahre abgerissen und ein neues errichtet. „Die Familie Kraemer aus Köln musste dort auf der gleichen Grundfläche bauen. Weil es vorher ein Flachdach war und sie ein weiteres Geschoss wollten, ist das Haus so groß geworden", weiß Thomas Diedrichsen. Anfangs gab es dort weder Strom noch ein Wegerecht. Als sie es 2016 verkauften, war beides vorhanden. Die neuen Besitzer*innen sind häufig da und seien sehr nette Leute. Punkt. Mehr muss niemand wissen. Thomas schmunzelt. Recht hat er.

Thomas Diedrichsen ist ehrenamtlich als Seehundjäger tätig und bewohnt eines der wenigen Häuser auf dem Ellenbogen.

Im Einsatz fürs Gleichgewicht

Als einer von vier ehrenamtlichen Sylter Seehundjägern ist er täglich am Ellenbogen unterwegs und schaut nach dem Rechten. Von Mai bis Juli, wenn die Jungtiere geboren werden, findet er die meisten Heuler am Strand. „Die Tiere, die eine Überlebenschance haben, bringen wir in die Auffangstation nach Friedrichskoog." Die anderen erlöst er von ihrem Leid. „An einen Seehund oder eine Kegelrobbe kommt man normalerweise gar nicht so dicht heran, die haben eine Fluchtdistanz von 100 Metern", erklärt Thomas Diedrichsen. „Den Tieren, die ich am Strand finde, geht es also leider oft schon sehr schlecht." Zum Glück sei der Bestand der Tiere heute mit rund 40.000 auf dem Stand wie um 1900. „Und viel mehr gibt das Habitat nicht her."

Doch Thomas ist nicht nur für die Seehunde im Einsatz. Vor vielen Jahren schon sorgte er dafür, dass es am Ellenbogenstrand einen Brutbereich gibt. Vor rund zwei Jahren wurde dieser elektrisch eingezäunt, um die Vögel vor Raubwild zu schützen. Fuchs, Marderhund und Marder gebe es auf Sylt, seit es den Hindenburgdamm gibt. Doch noch einen weiteren Feind gelte es zu bekämpfen, und das sei der Mensch. „Wir gucken, dass sich alle an die Spielregeln halten", sagt Thomas. „Die Schafe hinterlassen kleine Trampelpfade, aber das sind keine Gehwege durch die Dünen für die Menschen. Und Hunde müssen stets angeleint werden. Auch daran hält sich leider nicht jede*r."

Du findest Stella bei Instagram unter @listland_sylt.

Besser als Neuseeland

Unterstützung bei dem Erhalt des kleinen Sylter Paradieses erhalten Thomas Diedrichsen und die Eigentümer*innen-Gemeinschaft seit Anfang des Jahres von Stella Kinne, die einst als Naturbotschafterin auf Sylt im Einsatz war. Nach einem Aufenthalt in Neuseeland kam sie zurück, ist jetzt Rangerin für das Listland-Gebiet und dafür den ganzen Tag draußen unterwegs. Sie spricht und erklärt, setzt Küstenschutzprojekte wie das Anpflanzen von neuem Strandhafer um, kartiert Kreuzkröten- und Feldlerchen-Bestände, stellt Informationsschilder und Pflöcke auf, um die Besucher*innen auf die richtigen Pfade zu lenken. „Ich wollte schon immer auf dem Ellenbogen leben", sagt Stella, „nur von der Natur umgeben. Wenn ich frühmorgens um fünf Uhr auf bin, dann bin ich die Erste am Strand ganz oben an der Spitze. Dann ist noch niemand da und ich habe den Sonnenaufgang für mich. Das ist schon toll." Der Lister Ellenbogen sei ein Ort, an dem man die Verbundenheit mit der Natur in ihrer ursprünglichsten Form erleben kann und sich ihrer Schönheit bewusst wird. Dass diese mehr denn je zerbrechlich und schützenswert ist, wissen nicht nur Stella und Thomas. „Mit dem Ellenbogen können wir richtig angeben", sagen die beiden. „Es ist der einzige Teil von Sylt, der wächst und nicht schrumpft, weil die Strömung den Sand anspült. Wir haben das, was die anderen gerne hätten. Es gibt hier so viele seltene Arten und eine große Artenvielfalt. Das alles muss unbedingt bewahrt und beschützt werden." Die meisten Stranddisteln, die wenigsten invasiven Pflanzen, Kreuzkröten, Feldlerchen und Brutvogelgebiete mit dem höchsten Vorkommen auf der Insel und sogar die einzige und letzte Zwergseeschwalben-/Küstenseeschwalben-Kolonie, damit kann das Gebiet auftrumpfen.

Für viele ein Sehnsuchtsort

Da sind sie also wieder, die Superlative in diesem einzigartigen Refugium. Nicht verwunderlich, dass es viele Menschen dorthin zieht. Wie 2009 Roman Polanski, den berühmten Filmemacher. Er hätte für seinen Film „Ghostwriter" gerne auf der Insel Martha's Vineyard vor der Küste von Massachusetts gedreht, konnte aber aus rechtlichen Gründen nicht in die USA einreisen. So verwandelte sich, erzählt Thomas Diedrichsen, die einsame Straße am Ellenbogen in ein Stück Amerika, mit Strommasten, US-Briefkästen und vielem mehr. Einige Wochen Ausnahmezustand am Ellenbogen seien das gewesen, erinnert er sich. „Heute wäre das bestimmt nicht mehr möglich, da würde die Untere Naturschutzbehörde zu Recht nicht mitspielen." 2022 gab es sogar königlichen Besuch am Ellenbogen, den Thomas einige Zeit begleiten durfte. Ihre Königliche Hoheit Prinzessin Benedikte von Dänemark, die Schwester von Königin Margrethe II., genoss von der Düne Ellenbogenberg den Blick auf den Königshafen, das Lister Tief, Röm und die Nordsee und seine fachkundigen Erläuterungen dazu. »

KONTAKT:

CampOne Sylt
Kite- und Surfschule
Ellenbogen 33 g in List
www.campone-sylt.de

Die Surfschule von Frank Debus, das CampOne Sylt, erkennt man schon an dem auffälligen Airstream-Wohnmobil.

Surfen ja, baden nein!

Doch natürlich zieht es nicht nur Berühmtheiten an dieses besondere Fleckchen Erde. Ob Tourist*innen oder die Sylter*innen selbst, alle lockt dieser Ort. Sei es, um am Strand zu entspannen oder zu surfen. Drei Surfschulen bieten sich dafür an. Die von Frank Debus, das CampOne Sylt, erkennt man schon von Weitem am auffälligen silbernen Airstream-Wohnmobil auf dem Parkplatz. Eigentlich ist er Hamburger, lebt aber seit Ende seiner Schulzeit auf Sylt und hat 2006 die Surfschule von seinem Vorgänger übernommen. „Wir surfen ja hier in der Bucht vom Königshafen", erklärt er. „Das ist nicht gefährlich. Meistens ist Westwind und keine Brandung wie an der Nordseite." Dort hingegen sei Surfen und Baden wegen der Strömungen und Unterströmungen lebensgefährlich. „Hinzu kommen noch die Buhnenreste aus verrostetem Stahl im Meer, die man bei Hochwasser nicht sieht." Naturschutz und Surfen – das sind am Ellenbogen keine Gegensätze. Es gibt ein enges Zeitfenster, wann gesurft werden darf. Zwei bis drei Stunden bis zum Hochwasser-Peak. „Und zu den Seehunden auf der Vogelinsel Uthörn kitet oder surft auch keiner. Wir achten streng darauf, dass alles eingehalten wird." So wie Thomas und Stella und all die anderen, die sich dafür einsetzen, dass der Ellenbogen bleibt, was er ist: einsam, faszinierend und einzigartig schön. Oder wie Thomas sagt: „Eine Insel auf der Insel."

So schützt ihr den Ellenbogen

- **Rund 300 Schafe dürfen auf dem Ellenbogen frei herumlaufen und haben immer Vorfahrt.**
- **Die Trampelpfade der Schafe in den Dünen sind keine Spazierwege. Bitte achtet auf die Pflöcke und Beschilderungen und benutzt nur die Hauptwege.**
- **Durch die Dünen an den Strand kommt man über gekennzeichnete Übergänge. Die sogenannten Pricken, sie sehen aus wie umgedrehte Besen, zeigen den Weg und wo es erlaubt ist.**
- **Hunde müssen überall am Ellenbogen angeleint werden, auch beim Strandspaziergang.**
- **Zum Schutz der Vögel ist es auf dem gesamten Ellenbogen verboten, Drohnen fliegen zu lassen.**
- **An den Stränden sind Müllboxen aufgestellt, in denen ihr euren Müll trennen und entsorgen könnt.**
- **Auch in diesem Sommer wird es auch auf dem Ellenbogen wieder Kippengläser geben. Damit gibt es keinen Grund mehr, die Zigaretten im Sand auszudrücken.**

Mit Herz, Hund und Heimat

Ava Stella Dreessen ist eine Frau, die man so beschreiben könnte: weit gereist, weltoffen, kreativ, mutig, unkonventionell und zugleich sehr familienverbunden. Sie schreibt Kinderbücher, in denen ein kleiner Junge und sein Hund lehrreiche Abenteuer auf Sylt erleben. Und einen eigenen Verlag hat die 35-Jährige auch gleich gegründet.

Text: Anke Pipke

Geboren ist Ava Dreessen auf Sylt, dort ist ihre Heimat. Ihre Eltern trennen sich, als sie drei Jahre alt ist, und fortan wächst sie bei der Mutter in Hamburg auf, wo sie die französische Schule besucht. Zum Vater bleibt ein sehr enges Verhältnis, bis heute. Die Wochenenden und Ferien aber verbringt sie mit der Mutter bei Oma und Opa auf Sylt. „Meine Mutter hatte einen VW-Bulli und darin war gefühlt alles, was wir beide brauchten", erinnert sich Ava. Als sie zehn Jahre alt ist, verliebt sich ihre Mutter in einen neuen Mann und Barcelona wird ihre neue Heimat. Nach dem Abitur kehrt Ava nach Hamburg zurück, wo sie Raum, Konzept und Design mit Schwerpunkt Grafik studiert. „Basteln", wie sie es schelmisch nennt. „Ich werke und male einfach gerne, und bin, glaube ich, ganz geschickt. Das habe ich von meinem Opa Werner." Der war nämlich Maschinenbaumeister und Schmied und konnte alles selbst reparieren. „Er war eine große Inspiration! Wie eigentlich meine ganze Familie. Nicht angewiesen zu sein auf andere und lieber die Dinge selbst in die Hand zu nehmen, das haben sie mir stets beigebracht."

FOTOS: NOAH VERLAG

Kreativ in wilden Zeiten

Wie damals in Hamburg nach dem Studium, als sie mit ihrer besten Freundin einen Schritt ins Eis-Business wagt, einen Pferdeanhänger zum Foodtruck umbaut, aus dem sie auf Messen, Festivals und anderen Veranstaltungen Eis verkaufen. „Das war eine superwilde Zeit", sagt Ava und schüttelt den Kopf, „zumal wir wirklich wenig Startkapital hatten. Aber ich finde ja immer, dass eine gewisse Not unfassbar die Kreativität fördert." Nach zwei Jahren ist diese Episode vorbei, Ava kehrt 2018 nach Sylt zurück. Im Familienbetrieb Homestories, das ihre Mutter mit ihrem Mann betreibt, wird sie gebraucht. „Häuser einzurichten, war dort mein Job. Und ich habe in der Zeit mit meiner Bonus-Mama Kuni, der Frau meines leiblichen Vaters, die Geschirr-Serie Sylt Heritage entworfen." Kuni, das ist die Hamburger Grafikdesignerin Kunhild Haberkern. Sie spielt heute eine wichtige Rolle in Avas Büchern.

Auf ein Neues

Nach vier Jahren verspürt sie Lust darauf, etwas Anderes auszuprobieren. „Ich möchte mich gerne immer weiterentwickeln und finde es spannend, mich zu fragen, bleibt alles wie es ist oder kommen neue Dinge auf mich zu?" Außerdem ist privat etwas passiert. Seit ein paar Jahren ist sie mit Tom Langmaack, dem Geschäftsführer vom Sylter Café Wien zusammen und 2022 von ihm schwanger. Doch Ava wäre nicht Ava, wenn das ihre Kreativität und ihren Unternehmergeist ausbremsen würde. Wie es wohl wäre, Geschichten aufzuschreiben über den kleinen Kerl in ihrem Bauch, von dessen Aussehen sie schon genaue Vorstellungen hat?

Noah wird er heißen, und soll als Willi auf Sylt ganz viele Abenteuer erleben, mit Wilma, seiner Französischen Bulldogge – und auch die gibt es wirklich in Toms und Avas Leben. „Ich habe Kuni gebeten, die Zeichnungen zu meinen Geschichten zu machen und ihre Entwürfe waren ein Volltreffer. Genauso, wie ich meine Figuren selbst schon im Kopf hatte." »

Ein besonderer Moment: Ava freut sich riesig über die erste Lieferung ihrer Bücher.

Die Dinge selbst in der Hand

Vom Schreiben und allem drum herum hat Ava bis dato keine Ahnung. „Aber eine Freundin hatte mir mal gesagt, ich hätte die Gabe, mit Worten Bilder zu malen. Das war doch mal ein Anfang", schmunzelt die 35-Jährige. Und so schreibt sie einfach drauflos, die Ideen sprudeln. Zugleich holt sie sich bei ihrer Freundin Julia Schnitt – heute ihre Co-Autorin – Rat über die richtige Art, für Kinder zu schreiben, macht ein Coaching zum Buch- und Verlagswesen, lässt die historischen Sylt-Fakten checken, Texte lektorieren und nutzt dafür einfach ihr Freundes- und Familiennetzwerk. Schnell weiß sie, es passt für sie nur mit einem eigenen Verlag, einem eigenen Team. So gründet sie für ihre ersten beiden Bücher über das Biikebrennen und die Kutterfahrt den Noah-Verlag und lässt sie in einer Druckerei in Hamburg-St. Pauli drucken. Sie packt die Dinge selbst an, wie Opa Werner und ihre Familie es sie gelehrt haben. Und sie hat Erfolg. Die Sylter Buchhandlungen benötigen schon bald Nachschub, der Online-Shop floriert, sie veranstaltet Lesungen und auf der Leipziger Buchmesse ist sie auch vertreten. „Meine Geschichten sind magisch-fiktiv und real zugleich. Die Kinder, die meine Bücher lesen oder vorgelesen bekommen, sollen auch etwas über Sylt lernen. Ich möchte ihnen meine Heimat näherbringen", erzählt Ava. Ihre Heimat und ihre und Toms Familie. Denn hinter den Figuren der Bücher verbergen sich Menschen, ob verstorben oder noch am Leben, die Ava ans Herz gewachsen sind und denen sie auf diese besondere Weise einen Platz widmen möchte. „Letztendlich", sagt die junge Autorin, „sind meine Bücher eine einzige Liebeserklärung. An meine Familie und an meine Heimat Sylt."

„Meine Geschichten sind magisch-fiktiv und real zugleich. Die Kinder, die meine Bücher lesen oder vorgelesen bekommen, sollen auch etwas über Sylt lernen. Ich möchte ihnen meine Heimat näherbringen."

Ava Stella Dreessen

KONTAKT:
Noah Verlag
www.noahverlag.de
post@noahverlag.de
@noahverlag

Gut zu wissen!

Von der Kinderbuchreihe „Willi und Wilma – Abenteuer auf Sylt" sind im Noah-Verlag mittlerweile vier Bücher erschienen. Sie sind zum Preis von 24 € erhältlich. In jedem geht es jeweils um ein Abenteuer an einem Tag. Es gibt Rezepte, Rätselfragen, Ausmalbögen und ein Glossar, in dem friesische Wörter erklärt werden. Alles ist verlinkt mit der Internetseite **www.noahverlag.de**, auf der weitere Downloads und ein Shop zur Verfügung stehen. Zu jedem Buch gibt es außerdem einen Song, der per QR-Code heruntergeladen werden kann, geschrieben und produziert von Ava Dreessens Vater Olaf Kroenke. Die Lütt-Reihe im handlichen Format 16 x 16 cm (4,90 €), in denen jeweils nur eine Figur eine Rolle spielt, erweitert seit Ende 2023 das Repertoire.

Mit ihren Büchern möchte Ava vor allem ihre große Liebe zu ihrer Heimat Sylt ausdrücken.

Moin,
ihr Meerescharmeure!

Zwischen Powernaps an der Wasseroberfläche, wilden Nordseeabenteuern und einer gehörigen Portion Charme entführen dich die Schweinswale in ihre einzigartige Unterwasserwelt. Tauche ein und erfahre, warum die kleinen Tümmler vor Sylt viel mehr sind als nur niedliche Meeresbewohner.

ILLUSTRATIONEN: ADOBESTOCK

1. Nicht gerade ein Ruhmesblatt

Nun ja, wir sind auf der nationalen Roten Liste Deutschlands gelandet und gelten als „stark gefährdet". Unsere Subpopulation der Zentralen Ostsee gilt sogar als vom Aussterben bedroht.

2. Meine Damen haben das Sagen

Die Damen unter uns werden bis zu 185 Zentimeter groß, während wir Kerle uns mit bescheidenen 145 Zentimetern begnügen. Aber hey, Größe ist doch nicht alles, oder?

3. Wir sind keine Kuscheltiere

Wir sind neugierig, aber auch schreckhaft. Menschen, lasst uns in Ruhe! Wir mögen es nicht, wenn ihr uns zu nahe kommt. Immerhin haben wir Zähne – keine Wattebäusche!

4. Unsere VIP-Lounge seit 1999

Endlich haben sie uns ein Walschutzgebiet eingerichtet, das erste seiner Art in Europa vor der Westküste von Sylt. Aber halt, da sind noch Lücken. Ihr könntet ruhig noch ein bisschen aufrüsten, liebe Menschen.

5. Unser täglicher Soap-Plot

Offshore-Windkraftanlagen, Stellnetzfischerei und motorisierte Wassersportgeräte sind unsere Feinde. Manchmal fühlen wir uns wie die Hauptdarsteller in einer gefährlichen Unterwasser-Seifenoper.

Aha!

Der Schweinswalpfad auf Sylt ist so etwas wie unser persönlicher VIP-Weg durch die Welt der Menschen. Hier haben sie extra für uns einen Pfad geschaffen, der nicht nur informativ ist, sondern auch Spaß macht. Mit 22 interaktiven Info-Pulten und Stelen entlang des Weststrandes und Königshafens in List kannst du alles über uns erfahren, von unseren Power-Schwimmtouren bis zu unseren einzigartigen Kommunikationsklicks.

6. Wie ein Schweinswal-Ferrari

Bis zu 20 Stundenkilometer – das ist schneller als so mancher Fahrradfahrer. Ohne Mühe, ohne Anstrengung. Wir sind die Ferraris der Meere, Baby!

7. Unsere Entspannungsmethode

Wer braucht schon Schlaf? Wir machen lieber Powernaps an der Wasseroberfläche. Ein paar Sekunden hier, ein paar Sekunden da – das reicht uns.

8. Unsere Unterwasser-Party

Wir kommunizieren mit Klicklauten und haben ein Echoortungssystem, mit dem wir uns orientieren und nach Futter suchen. Unterwasser-Morsecode-Party, anyone?

9. Der schmeichelhafte Name

Warum nennen sie uns „Schweinswale"? Vielleicht wegen unserer abgerundeten, kurzen Schnauze und unserer pummeligen Figur. Aristoteles hat uns vor Ewigkeiten mit „Meeresschwein" betitelt. Na, danke auch!

Weiteres Wissenswertes

über uns Schweinswale

- Wir sind farbenblind, aber im dunklen Wasser sehen wir besser.
- Im Frühsommer bringen wir vor Sylt unsere Kälber zur Welt.
- Nach der Befruchtung machen sich viele von uns Kerlen aus dem Staub.
- Unsere dicke Haut ist megasensibel und voller Nervenzellen.
- In der Ostsee sind wir seltener anzutreffen als in der Nordsee.
- Unsere Schwangerschaft dauert zehn bis elf Monate – länger als bei euch Menschen.
- Wir leben rund 20 Jahre, aber die meisten von uns werden nur etwa zehn Jahre alt.
- Im Sommer chillen wir in küstennahen Gewässern, weil es da wärmer ist.
- Man nennt uns auch „Zahnwal". Könnte schlimmer sein.
- Und ja, unser Ausatmen klingt wie ein stilvolles Unterwasser-Niesen.

Camping im Dünental

FOTOS: ESTHER JÖRGENSEN

Als gebürtige Insulanerin und passionierte Camperin hat Esther schon viele Stellplätze in ganz Europa erkundet, aber Hörnum gehört für sie zu den schönsten ihrer Heimatinsel. Nun hat sie den südlichsten Campingplatz für dich getestet.

Text: Esther Jörgensen

Stell dir vor, du wachst auf, die frische Nordseebrise kitzelt deine Nase und die Wellen rauschen leise im Hintergrund. Du brühst dir einen Kaffee auf, ziehst dir etwas Warmes über und hüpfst aus dem Bus in deine Birkenstocks. Du kannst das Meer schon riechen, die Luft ist frisch, unberührt und kühl, doch die Sonne wärmt dich bereits, und du bist bereit für deinen ersten kleinen Spaziergang ans Meer. Mit deinem Kaffee in der Hand blickst du noch etwas verschlafen auf die endlose Weite der Nordsee, während neben dir das Dünengras raschelt. Du hältst einen Moment inne, um mit allen Sinnen diesen besonderen Augenblick zu genießen. Mit den Füßen erst im Sand, dann im seichten Flutsaum hast du nun die Wahl: warme Dusche oder erfrischende Nordsee – wofür entscheidest du dich?

Ein Paradies für Natur- und Strandliebhaber*innen

Eingebettet in das malerische Dünental auf der Westseite von Hörnum liegt der südlichste Campingplatz von Sylt. Hier, in der idyllischen Sylter Dünenlandschaft, findest du ein wahres Paradies. Der Campingplatz Hörnum liegt direkt am kilometerlangen weißen Sandstrand. Von den Stellplätzen aus sind es nur ein paar Schritte zum Sonnen und Baden. Windgeschützt und umgeben von der friedlichen Natur der goldenen Dünengräser und dem beruhigenden Rauschen der Nordsee kannst du wahrhaftig die Seele baumeln lassen und die Ruhe genießen.

Vielfalt an Unterkünften und Stellplätzen

Der Campingplatz Hörnum wird vor allem wegen seiner Naturnähe und unkomplizierten Atmosphäre geliebt und bietet eine breite Palette an Unterkünften und Stellplätzen, die jedes Camper*innenherz höherschlagen lassen. Über 100 großzügig geschnittene Stellplätze bieten viel Raum für Komfort und Privatsphäre. Es gibt 32 ganzjährig nutzbare Wohnmobilstellplätze, die auch Wintercamper*innen die Schönheit der Insel zugänglich machen. Hinzu kommen sechs moderne Wohnwagen, die bis zu fünf Personen beherbergen und mit allem ausgestattet sind, was du für einen entspannten Urlaub brauchst. Nicht zu vergessen die zwei großen Zeltplätze für jeweils zehn Zelte sowie 14 idyllische Zeltplätze direkt in den Dünen für ein besonderes Naturerlebnis.

Vanlife im Inselsüden

Bei meinem Campingtrip habe ich mit meinem Bus auf dem Wohnmobilstellplatz übernachtet. Hier findest du ausreichend Platz, direkten Wasserzugang, Strom und guten Internetempfang. Die modernen sanitären Anlagen sind sauber und gut ausgestattet. Was ich am Campen besonders liebe, ist das liebevolle Miteinander. Es ist ganz selbstverständlich, für einen kleinen Plausch stehen zu bleiben, sich gegenseitig zu helfen oder abends gesellig beisammenzusitzen. Diese herzliche Atmosphäre macht das Campen zu einem ganz besonderen Erlebnis. Oft kam es vor, dass jemand vor dem Tisch mit den bunten Tulpen stehen blieb und neugierig fragte: „Was gibt es denn zu feiern?" Mit einem Lächeln antwortete ich: „Das Leben!" Denn gerade beim Campen, im direkten Kontakt und Zusammenspiel mit der Natur, spürt man die Freude und Lebendigkeit der kleinen Dinge besonders intensiv. Die frische Luft, das Rauschen der Wellen und die warme Gemeinschaft der Camper*innen lassen uns das Leben in seiner ganzen Fülle erleben und genießen. »

Esther hat es sich mit ihrem Bus auf dem Campingplatz in Hörnum gemütlich gemacht.

Mein Geheimtipp!

Schon als Kind habe ich den Spaziergang um die Hörnumer Odde, die Südspitze der Insel, geliebt. Laufe vom Campingplatz los und verliere dich in der Schönheit der Strand- und Dünenlandschaft, entlang der Tetrapoden, die Spitze des Leuchtturms immer im Blick, bis auf die Ostseite, wo du dir nach der langen Zeit endlich ein saftiges Fischbrötchen gönnst.

Die neue Leitung

Seit dem 18. März steht Susanne Schnur an der Spitze des Campingplatzes. Ihre offene und freundliche Art, immer mit einem strahlenden Lächeln im Gesicht, macht sie bei den Gästen sehr beliebt. Sie ist selbst eine leidenschaftliche Camperin. Nach einer persönlichen Auszeit erkannte sie, dass sie ihre Leidenschaft zum Beruf machen möchte. Auf der Suche nach etwas Besonderem fand sie ihre neue Heimat in Hörnum.

Susannes geheimer Hörnum-Tipp: Die Bank beim „Möwennest", wo man die West- und Ostseite der Insel sieht.

Im Strandrestaurant Strænd kann man den Tag perfekt ausklingen lassen.

Kulinarischer Hotspot

Auch für kulinarische Abenteuer ist auf dem Campingplatz gesorgt: Das stilvolle Strandrestaurant „Strænd" verführt mit einer Vielzahl ausgefallener Speisen und erfrischender Getränke. Dieses kulinarische Juwel wird von Gästen von der ganzen Insel angesteuert und gefeiert. Ich persönlich habe es geliebt, den sonnigen Tag auf der Holzterrasse zwischen Dünen ausklingen zu lassen, während ich einen erfrischenden Drink genoss und die herrliche Atmosphäre am Campingplatz in mich aufnahm. Das kleine Dorf Hörnum ist ein Paradies für alle, die Natur und Ruhe suchen, und der Campingplatz ist der perfekte Ausgangspunkt, um die Schönheit des südlichen Sylt im Einklang mit der besonderen Sylter Natur zu erleben. Komm und entdecke diesen magischen Ort – du wirst ihn lieben!

Aktivitäten

- **Eine Leuchtturmführung zu Hörnums Wahrzeichen. Wusstest du, dass hier früher eine Schule war?**
- **Eine Fahrt zu den Seehundsbänken mit der Reederei Adler-Schiffe oder eine Wattwanderung.**
- **Zahlreiche Wassersportaktivitäten wie SUPen oder Wingen bei der Surfschule Südkap Surfing.**
- **Golfen auf einem der beliebtesten Golfplätze Deutschlands.**

KONTAKT:
Campingplatz Hörnum
Am Campingplatz 1-5 in Hörnum
www.hoernum.de/buchen/camping

Das Herz hinter der Linse

Ende 2023 traf Esther Jörgensen eine mutige Entscheidung: Nachdem sie jahrelang als digitale Nomadin mit ihrem Van durch den Süden Europas reiste und im sonnigen Portugal lebte, kehrte sie zurück zu den langen Stränden, dem rauen Nordseewind und den vertrauten Gesichtern ihrer Heimatinsel Sylt …

Text: Finja Schulze

Das Heimweh in ihr erwachte mit aller Macht. Sylt ist für Esther mehr als nur ein Punkt auf der Landkarte, es ist ein Gefühl, das tief in ihrem Herzen verankert ist. Seit vier Jahren arbeitet die 33-jährige Insulanerin als freiberufliche Art Direktorin, Designerin und Fotografin – und nun wieder auf Sylt. Ihre Liebe zur Fotografie und zur Insel sind tief miteinander verbunden. Die Dünen, Sonnenuntergänge, die Meeresbrise und die einzigartigen Farben Sylts faszinieren sie immer wieder aufs Neue. Esther fängt diese magischen Momente ein und entdeckt ihre Heimat als junge Frau neu. Nun ist sie auch Teil meines Sylt Fräulein Teams geworden. Mit ihrer kreativen Ader unterstützt sie mich tatkräftig beim Fotografieren, Filmen, Konzipieren, Posten und Planen. Immer mit dem Blick für das besondere Detail.

Seit Anfang des Jahres bist du wieder auf Sylt. Was hat dich letztendlich dazu bewogen, Portugal zu verlassen und in deine Heimat zurückzukehren?
Diese Frage wurde mir schon oft gestellt, und die ehrlichste Antwort ist: Heimweh. Früher war ich immer vom

Diese Muschel hat Esther auf ihren Roadtrips durch Europa begleitet.

FOTOS: FINJA SCHULZE & ESTHER JÖRGENSEN

Eines von Esthers Bildern als Fotoprint.

Fernweh getrieben, ständig auf der Suche nach dem nächsten Abenteuer. Doch mit der Zeit habe ich erkannt, dass zu Hause dort ist, wo mein Herz ist – und das bedeutet, wo meine Familie und Freund*innen sind. Auch wenn ich Palmen liebe, bin ich am Ende doch einfach ein Nordlicht, das gerne im Wind steht und über die Dünen blickt.

Als jemand, der Sylt sowohl als Einheimische als auch als Rückkehrerin erlebt, was denkst du, macht den einzigartigen Charme der Insel aus?
Für jede und jeden, die oder der diese wunderschöne Insel erlebt, ist es wohl die einzigartige Natur, die verzaubert. Nirgendwo auf der Welt habe ich so einen weiten, schönen und endlosen Sandstrand gesehen wie auf Sylt. Und nirgendwo geht die Sonne so beeindruckend unter wie hier. Ich liebe das Raue und gleichzeitig Sinnliche und Zerbrechliche der Insel und ihrer atemberaubenden Küste. Gleichzeitig ist der einzigartige Charme der Insel von den vielen wundervollen Menschen geprägt, die sich hier entfalten, einander unterstützen und etwas Großartiges aufbauen. Hier herrscht eine starke Gemeinschaft, ein echter Zusammenhalt, ein gelebtes Miteinander. Genau so bin ich aufgewachsen, und genau so erlebe ich es heute erneut.

Du hast ein besonderes Talent, Sylt-Momente in deinen Fotos einzufangen. Welches Motiv verkörpert für dich am meisten das Herz der Insel?
Für mich sind die Dünen und ihre Verwandlung im Licht und Wind eine endlose Quelle der Faszination. Damals nannte ich dieses Schauspiel den „Dünentanz". Besonders lebendig wurde dieses Gefühl bei meinem ersten Video für meinen Sylt-Account „Hey Sylt", als ich die Dünen am K4 zum Sonnenaufgang filmte und fotografierte. Es war, als würde ich in einem goldenen Meer schwimmen. Diese Erfahrung schenkt mir Ruhe und das Gefühl, eins mit der Natur zu sein. Es erfüllt mich mit Freude, die Insel aus neuen Perspektiven zu erkunden, sei es im Sand oder am Meer, und sie durch meine Linse zum Leben zu erwecken. Einige dieser Motive habe ich bereits auf verschiedenen Kalendern und Postkarten verewigt. Außerdem liebe ich es, Sylter*innen und Sylt-Urlauber*innen in der Natur unserer Insel zu fotografieren und ihnen damit unvergessliche Erinnerungen zu schenken.

Natürlich musst du uns deinen ultimativen Lieblingsplatz auf Sylt verraten.
Ich habe einige Lieblingsorte auf Sylt, darunter auch einige, die ich nicht verraten werde (zwinkert). Aber ganz besonders liebe ich den Fahrradweg von Kampen nach List, der sich durch die Dünen schlängelt. Dort wird es ganz still, und für einen Moment fühlt es sich an, als wäre man in einer anderen Welt. Der gesamte Ellenbogen ist ebenfalls eine Schönheit für sich, an der man sich nie sattsehen könnte.

Wie möchtest du mit deiner Arbeit dazu beitragen, das Bild von Sylt sowohl für Einheimische als auch für Urlauber*innen zu prägen?
Ich bin davon überzeugt, dass Sylt weitaus mehr zu bieten hat, als nur dem Klischee der Schickeria zu entsprechen. Diese Insel ist durchdrungen von nordfriesischer Geschichte – von den mutigen alten Seefahrern bis hin zu dem traditionsreichen Biikebrennen und den unverwechselbaren Sylter Urgesteinen. Das lebendige Surfer-Flair und die facettenreiche Gastronomie sind ebenso Teil ihres Charmes. Diese einzigartige und historisch bedeutsame Seele Sylts möchte ich gerne in all ihrer Fülle an die Leserinnen und Leser weitergeben. Und ich freue mich sehr, liebe Finja, diese Vision gemeinsam mit dir umsetzen zu können.

Wenn du auf der Suche nach einem besonderen Fotoshooting für dich oder dein Unternehmen bist, frischen Wind für deine Website benötigst, ein aussagekräftiges Logo, innovative Betreuung deiner Social-Media-Kanäle oder andere kreative Designlösungen suchst, dann melde dich gerne bei Esther.

KONTAKT:
www.estherjoergensen.com
@esther.joergensen.sylt
@hey_sylt

Lila Laune für zu Hause

Liebst du die farbenprächtigen Heidefelder, die die Insel bedecken, auch so sehr? Mit dieser einfachen Bastelidee mit Heidekraut holst du dir ein Stück Sylt nach Hause.

Sylt ist bekannt für seine schier endlose Heidelandschaft. Kein Wunder, denn die Hälfte aller Heideflächen Schleswig-Holsteins befindet sich auf der Insel! Besonders gut kann man die lilafarbenen Pflanzen in der Braderuper Heide oder im gesamten Listland bewundern. Für dein Stück vom Sylter Heidemeer habe ich mir eine kinderleichte Do-it-yourself-Idee ausgedacht, die du mit nur wenigen Utensilien wie Schere und Heißklebepistole sowie etwas Fingerspitzengefühl nachbasteln kannst.

FOTOS: SINA HOYER

Teelicht mit Heidekraut

Du benötigst:

- frisches Heidekraut
- ein kleines Glas
- eine Schere
- etwas breites Dekoband
- etwas Kordel
- ein Teelicht
- optional: Dekogranulat

1. Bestimme die Länge des Dekobandes, indem du es einmal um das Glas wickelst. Kürze das Band mit ca. 1 cm Überlänge, damit es später sauber aufgeklebt werden kann.

2. Klebe mit dünnen Streifen Heißkleber einzelne Heidestängel senkrecht auf das Band und drücke sie leicht an, damit sie gut halten. Spare den Zentimeter Überschuss ebenfalls aus.

3. Das Glas mit dem aufgeklebten Band umwickeln, etwas Klebstoff auf den Überschuss geben und unter das andere Ende des Bandes schieben. Ziehe das Band so fest, dass es das Glas straff umschließt.

4. Für mehr Halt und etwas mehr Deko binde etwas Kordel um das Glas und mache eine schöne Schleife. Jetzt nur noch das Glas mit Dekogranulat füllen, Teelicht hineinstellen, anzünden und fertig!

Wichtig!

Die Heideflächen stehen unter **Naturschutz**, weil sie stark bedrohte und einzigartige Lebensräume sind. Deshalb darfst du sie nicht betreten. Ich möchte dich bitten, in ein Blumengeschäft zu gehen und dort Heidepflanzen für deine Bastelarbeiten zu kaufen.

MODE MIT WOW-FAKTOR

Willkommen bei Sylt Selected – In unseren fünf Fashion Stores auf Sylt können Modebegeisterte nach Herzenslust shoppen und sich von neuen Trends inspirieren lassen. Ob lässige Freizeitlooks, sportliche Business-Outfits oder elegante Ausgeh-Styles – bei uns ist für jeden Anlass etwas dabei. Dank einer großen Auswahl an Schuhen und Accessoires finden Sie bei uns nicht nur neue Lieblingsteile, sondern komplette Outfits mit Suchtfaktor. Im Store in der Friedrichstraße 7 in Westerland jetzt auch mit Fokus auf Herrenmode.

SYLT SELECTED

TRENDY.STYLISH.EXCLUSIV.

UNSERE STORES

Am Tipkenhoog 2 in Keitum
04651/95 75 601

Friedrichstraße 7 in Westerland
04651/93 65 305

Elisabethstraße 1a in Westerland
04651/44 62 040

Happy Plus Size Store
Friedrichstraße 25 in Westerland
04651/96 76 540

Women & Men Store
Friedrichstraße 7 in Westerland
04651/44 62 040

www.sylt-selected.de

Tierisch erfolgreiche Familienbande

FOTOS: ESTHER JÖRGENSEN & SYLTER LANDSCHLACHTEREI

Sönke, Maren, Theide und Bleicke Andersen betreiben zusammen in Keitum die Sylter Landschlachterei. Dabei ergänzen sie sich wunderbar, denn jedes Familienmitglied hat seinen Aufgabenbereich. Die wichtigste Rolle aber spielen die rund 45 Galloways, die in Grünlandhaltung auf den Salzwiesen ihre Sommer verbringen.

Text: Anke Pipke

Die Brüder Theide (l.) und Bleicke Andersen führen die Sylter Landschlachterei.

Schon bei der Anreise nach Sylt kann man sie aus dem Auto- und Zugfenster entdecken. Die Sylter Landschlachterei in Keitum. „Sylt Gut" prangt in Großbuchstaben auf dem Gebäude und verspricht darunter verheißungsvoll „... alles, was gut ist!" So kommt man auf den Geschmack und schaut sich das Ganze aus der Nähe und von innen an. Und tatsächlich: für Genießer*innen von Fleisch- und Wurstwaren gibt es in diesem Hofladen samt Schlachterei eine Ansammlung kulinarischer Köstlichkeiten. Auch Liebhaber*innen von selbst hergestellten Marmeladen oder Chutneys kommen auf ihre Kosten und eine Etage höher auf dem Dachboden finden sich unterschiedlichste Mitbringsel oder Wohnaccessoires.

Der Großvater holte die Galloways nach Sylt

Die Sylter Landschlachterei ist ein kleiner Familienbetrieb, der heute von den Brüdern Theide und Bleicke Andersen geführt wird. Zur menschlichen „Familienherde" gehören außerdem noch Vater Sönke, Seniorchef und Herr der Galloways, und Stiefmutter Maren, die Frau mit den köstlichen Rezepturen und dem Händchen für alles Eingemachte und Eingekochte. Theide ist gelernter Schlachtermeister und Koch, Bleicke studierter Ingenieur. Die Produktion des Fleisch- und Feinkostsortiments erfolgt in der hauseigenen Manufaktur, der Verkauf direkt im Hofladen in Keitum.

Die Sylter Landschlachterei ist vor allem bekannt für die Produkte, die aus der eigenen Galloway-Zucht gefertigt werden. „Mein Großvater war Tierarzt auf Sylt und hat in den Achtzigerjahren mit zwei anderen Landwirten Galloways auf die Insel geholt", erzählt Bleicke. „Er kannte sich aus mit Robustrindern, die in Schottland ganzjährig draußen in Grünlandhaltung stehen, und war sich sicher, dass das auf Sylt auch sehr gut funktionieren würde." Seinem Sohn Sönke, dem Vater von Theide und Bleicke, gab er, als er älter wurde, fünf Galloways in die Obhut. Sie blieben. Und mehr noch: Sönke machte eine Herdbuchzucht daraus. „Das heißt, dass jedes Tier blutlinienmäßig nachvollziehbar ist", erklärt Bleicke.

Sylter Luft und Salzwiesengras

Die Galloways gedeihen prächtig auf Sylt, nachhaltig und artgerecht. Im Winter stehen sie südlich der Bahntrasse auf den Weiden, danach nördlich der Bahntrasse auf den Sylter Salzwiesen im Keitumer Wattenmeer, nach denen die Zucht „Von Sylter Salzwiesen" auch benannte wurde. „Die Salzwiesen sind Überflutungsflächen, die im Herbst und Winter vom Meerwasser überschwemmt werden und somit reichhaltig an Salzen und Mineralien sind, was die Qualität des Fleisches maßgeblich beeinflusst." Ihren Lebtag sehen die Tiere kein Dach über dem Kopf. Sie sind immer draußen, auch die Kälber werden unter freiem Himmel geboren. Das Heu, das sie im Winter zugefüttert bekommen, stammt von den Wiesen, auf denen sie das ganze Jahr laufen. „Wir müssen nur darauf achten, dass die Tiere handzahm bleiben", erläutert Bleicke, „damit wir sie zwischen den Flächen hin- und hertransportieren können und damit der Tierarzt einmal im Jahr eine Blutprobe entnehmen kann." 45 Tiere groß ist die Herde mittlerweile. Zehn Galloways werden im Jahr geschlachtet.

Von der Weide auf den Teller. Die Produkte aus der eigenen Manufaktur kann man mitnehmen oder vor Ort immer freitags ab 11:30 Uhr genießen.

„Mein » Vater hat eine Vision, die lautet: Von der Weide auf den Teller, alles aus einer Hand. Er ist gelernter Koch und betrieb in Keitum das Restaurant, die ‚Kleine Küchenkate', die wir heute verpachtet haben." Wegen dieser Vision sei der Hof mit Schlachterei überhaupt entstanden. Sönkes Traum ist der von einem harmonischen Kreislauf aus einer eigenen Herde, einer eigenen Schlachtung und einem eigenen Restaurant, in dem er die Produkte veredeln kann.

Jeder und jede bringt sich ein

Bleickes Traum hingegen war es, nach dem Abitur die Insel zu verlassen. Ihn zog es in die Ferne, zum Studieren und Arbeiten nach Hamburg, Dortmund und Spanien. Heute ist er Ingenieur und seit gut vier Jahren zurück als Quereinsteiger im Unternehmen. Er kümmert sich um das Kaufmännische und Organisatorische und zusammen mit seinem Bruder um das operative Geschäft. Sönkes Bereich ist die Landwirtschaft und Maren kocht alles ein, was ihr Spaß bereitet. Die Früchte findet sie im eigenen Garten oder auf der Insel. Jeder aus der Andersen-Familienherde hat seine Stärken und eigenen Bereiche und alles andere wird zusammen entschieden. „Es ist wirklich ein Vorteil, dass da nicht mehrere Personen mit den gleichen Interessen sind", sagt Bleicke schmunzelnd. Aber alle in dieser harmonischen Truppe haben das gleiche Interesse, wenn es darum geht, den Hof weiterzuentwickeln. „Er soll bunter werden", erklärt Bleicke. „Wir werden Hühner dazubekommen und mehr Dinge anbieten, die die Kund*innen zum Bleiben animieren, wie einen kleinen Mittagstisch oder eine Vesper-Platte." Und vielleicht wird dann auch Sönkes Traum in Erfüllung gehen: von der Weide auf den Teller – alles handgemacht von der Andresen-Familie.

Gut zu wissen!

Die Sylter Landschlachterei leistet nicht nur den direkten Verkauf, die Beschickung von Hotels und Restaurants und Caterings auf der Insel. Sie versendet ihre Waren deutschlandweit auch in isolierten Thermopaketen. Vorab-Bestellungen von Paketen für die An- und Abreise sind ebenfalls möglich. Zudem gibt es einen Food-Automaten am Hofladen in Keitum und einen auf dem Campingplatz in Morsum.

KONTAKT:
Sylter Landschlachterei
Bäderstraße 2 in Keitum
www.sylter-landschlachterei.de
@sylterlandschlachterei

- COOLER EISGENUSS -
IN KEITUM

Entdecke unsere köstlichen und sommerlich erfrischenden Eissorten von Sylter Ice Cream. Ob fruchtig, süß, sauer oder cremig sahnig – der mintgrüne „Eisbär Sylt"-Truck ist die Anlaufstelle für Schleckermäuler in Keitum. Probiere auch unbedingt unsere neuen leckeren veganen Eissorten, die sündhaften Bubble-Waffles und Crêpes. Du findest uns direkt neben dem Restaurant Reblaus.

Am Tipkenhoog 2, 25980 Keitum | www.eisbär-sylt.de | @eisbaer_sylt

Alles, außer gewöhnlich

FOTOS: MAIKE HÜLS-GRAENING

Betritt man das neue Boutique-Büro von „No.1@the Beach“ in Westerland, fühlt man sich wie in einem stylishen Interior-Geschäft. Hier traf ich das inspirierende Power-Paar Maike Hüls-Graening und Stephan Rudloff, um über ihr visionäres Projekt und dessen wegweisende Wirkung auf die Sylter Immobilienbranche zu sprechen.

Interview: Finja Schulze

Mit sichtbarem Stolz führen mich Maike und Stephan durch ihre neu konzipierten Büroräumlichkeiten im Herzen Westerlands, die mit ihrer Erweiterung und innovativen Ausgestaltung seit März 2024 in völlig neuem Glanz erstrahlen. Extravagantes und mutiges Design prägt jetzt die Strandstraße 27, wo die beiden Immobilienspezialisten den gewagten Stil als Repräsentation ihrer markanten und luxuriösen Marke „No.1@the Beach“ wählten. Die neue Firma ist in drei Teile aufgeteilt: „No.1 Ferienvermietung“, Empfang und die „No.1 Immobilien GmbH“.

Könnt ihr uns etwas mehr darüber erzählen, wie die Idee zur Neugestaltung des Büros entstanden ist und welche Ziele ihr damit verfolgt?

Stephan: Nach über 20 Jahren war es dringend notwendig, das gut funktionierende Unternehmen auf eine neue Ebene zu heben. Nicht nur, weil man es noch einmal wissen wollte. Wenn man sieht, wie viele verschiedene Bodenbeläge sich in 20 Jahren ansammeln, dann hat man eigentlich schon alles gehabt. Jetzt noch einmal, aber bitte ganz anders! Neu anfangen und gemeinsam durchstarten. Durch die Vergrößerung und das hinzugewonnene angrenzende Ladengeschäft sowie durch ein extremes, kontinuierliches und freches Marketing wollen wir auffallen, bei potenziellen Kund*innen positiv im Gedächtnis bleiben und somit das Immobiliensegment interessanter und unterhaltsamer präsentieren. Frischer, jünger, moderner. Einfach anders!

Maike, du bist jetzt als zweite Geschäftsführerin mit an Bord. Wie fühlt es sich an, Teil dieses neuen Kapitels bei „No.1@the Beach“ zu sein und welche Rolle wirst du bei der Weiterentwicklung des Unternehmens spielen?

Maike: Für mich bedeutet das natürlich eine ganz neue Situation und einen tollen, innovativen Schritt. Ich denke, dass ich mit all meinen Erfahrungswerten, die ich in meinem Leben gesammelt habe, sei es als Bankkauffrau, als Grafikdesignerin oder eben als breit aufgestellte Fotografin, alles perfekt miteinander verknüpft habe und daher gut einsteigen kann.

Welche Herausforderungen gab es bei der Umsetzung des neuen Designs und Konzepts, und wie habt ihr sie gemeistert?

Stephan: Die Herausforderung war zunächst einmal, sich von den anderen Agenturen deutlich abzuheben. Wie und mit welchen Materialien jonglieren wir, um der Gesamtoptik zu schmeicheln und die Unternehmensidentität widerzuspiegeln? Exklusivität ja, aber nicht übertrieben. Ein großer Wunsch war es, eine geordnetere, ruhigere Arbeitsatmosphäre für alle im täglichen Ablauf zu schaffen. Aus diesem Grund haben wir den mittleren Teil des Ladens in eine Lobby mit Rezeption verwandelt, wo ein Mitarbeiter die Kund*innen empfangen und nach ihren Wünschen bedienen kann. Daran schließen sich links das Großraumbüro der Ferienvermietung und rechts die Räume der Immobilienvermarktung an.

Maike, du hast dein Immobilienmakler-Diplom 2023 abgeschlossen. Kannst du uns mehr über das Zusammenspiel deines neuen Aufgabenbereichs und deiner Rolle im Marketing und in der Fotografie bei „No.1@the Beach“ erzählen?

Maike: Mein Steckenpferd ist und bleibt natürlich die Fotografie. Ich unterstütze Stephan bei der Vermarktung der Immobilien in allen Bereichen. Darüber hinaus schaffe ich täglich den Spagat zwischen allen Aufgabenbereichen, werfe alles in einen Topf und mache im besten Fall etwas Tolles daraus. Wie bereits erwähnt, spielen die gesammelten Erfahrungen als Grafikerin oder Bankkauffrau eine nicht zu unterschätzende Rolle. Wenn man sich schnell langweilt, ist es ein Geschenk, so frei arbeiten zu können.

Welche Alleinstellungsmerkmale wollt ihr mit dem neuen Büro betonen?

Stephan: Gewagt und außergewöhnlich für ein Büro. Die Mischung macht's. Kein 08/15, nicht das übliche allgemei- »

#Inselinspo

Schönes für zu Hause, regionale Produkte und tolle Tipps für Unterkünfte auf Sylt.

Wollige Wärme

Die 250 freilaufenden Schafe am Lister Ellenbogen spielen eine wichtige Rolle im Naturschutz. Jedes Jahr, wenn sie ihren dichten Wollmantel ablegen müssen, beginnt ein altes Ritual: die Schur. Doch was geschieht eigentlich mit der Wolle? Mit dem Wissen um den geringen Wert dieses Rohstoffs kam Dennis Bergmann aus Hamburg auf die Idee, daraus nachhaltige Bettdecken und Kissen herzustellen, was bei Schafzüchter Jürgen Wolf-Diedrichsen zunächst auf Skepsis stieß. Doch Dennis' Hartnäckigkeit und Überzeugungskraft zahlten sich aus und das Projekt erhielt grünes Licht. Die Produktion findet zunächst in einer kleinen belgischen Stadt statt, wo die Wolle gewaschen wird. Anschließend wird sie in einer Manufaktur in Niedersachsen weiterverarbeitet. Dennis' Herzensprojekt ist mit bummelig 220 Decken pro Jahr zwar nicht skalierbar, aber er hat ein faires und nachhaltiges Produkt mit emotionalem Wert geschaffen, das glücklich macht. Die Kuscheldecken und -kissen sind derzeit hauptsächlich über den Onlineshop erhältlich.

www.sylter-duenenwolle.de

@sylter_duenenwolle

Dennis Bergmann hatte die Idee, aus der Schafswolle Decken und Kissen zu produzieren.

Kaufmannsladen 2.0

Der neue Kampen Kaufmann von Familie Johannsen bietet jetzt eine große Auswahl von Lebensmitteln über Eigenmarken bis hin zu regionalen Produkten an. Besonders beeindruckt hat mich die gut sortierte Weinabteilung. Hier findet man wirklich gute Tropfen!

Hauptstraße 4 in Kampen

@kampen_kaufmann

Schick in Strick

Ich bin verliebt in die handgefertigten Taschen in Strickoptik, die es in vielen Formen und Farben bei Sylter Interieur in Westerland gibt. In dem charmanten Geschäft stöbere ich auch gerne nach hübschem Porzellan, dekorativen Kissen oder schönen Kränzen und Gestecken mit Sylter Flair.

Keitumer Chaussee 24 in Westerland
www.sylter-interieur.de
@sylter_interieur_sylt

Wohnen bei Familie Apel in Westerland

Fast wäre das über 100 Jahre alte Reetdachhaus in Alt-Westerland schon unter den Hammer gekommen, heute beherbergt der Alte Konsumverein neun liebevoll eingerichtete Ferienwohnungen. Die Gastgeberfamilie Apel legt großen Wert auf Nachhaltigkeit. Deshalb findest du in den Ferienwohnungen Extras, die deinen Urlaub grüner machen: Stylishe Einkaufsnetze, Geschirrtücher aus Baumwolle und Glasflaschen, um das gute Sylter Leitungswasser zu genießen, statt Plastikflaschen zu kaufen. Und die Apels unterstützen lieber Sylter Betriebe als den Onlinehandel. Das hat ihnen sogar eine Auszeichnung für nachhaltige Ferienunterkünfte von der Klimapatenschaft eingebracht. Mein Tipp: Lisa Apel alias Happy Yoga Sylt bietet hier in ihrem Studio nicht nur für die Feriengäste Yogakurse an!

www.alterkonsumverein-sylt.de
@alter_konsumverein_sylt

Uta und Lisa Apel (v.l.) freuen sich auf dich!

Das Rungholt-Gefühl

Ich habe im Hotel Rungholt eingecheckt und bin begeistert von dem traditionsreichen Haus im Herzen von Kampen. Dank der traumhaften Lage hast du von einigen der wunderschön eingerichteten Studios einen Panoramablick auf die Nordsee und das Wattenmeer. Im stilvollen Spa-Bereich kann man die Seele baumeln lassen. Weitere Highlights: Das himmlische Frühstücksbuffet und das familiäre Ambiente!

www.hotel-rungholt.de
@hotel_rungholt

FOTOS: ESTHER JORGENSEN, SYLTER DÜNENWOLLE

InselErlebnisse

S. 88

S. 114

Erfahre ...

- ... mit wem du Sylt aus der Vogelperspektive erlebst
- ... wo du auch alleine eine tolle Zeit auf der Insel hast
- ... warum sich ein Tagesausflug nach Föhr lohnt
- ... wie du deine Familienzeit auf Sylt bunter gestalten kannst

Faszination Fliegen

Dank des Aero-Club Sylt e.V. wurde für mich der Traum vom Fliegen wahr: Ich durfte mit einem Segelflugzeug über die Insel schweben und einen unvergesslichen Tag mit den Himmelsstürmer*innen verbringen.

Text: Finja Schulze

Mit den Mitgliedern des Aero-Club Sylt e.V. habe ich einen unvergesslichen Tag erlebt.

FOTOS: ESTHER JÖRGENSEN & FINJA SCHULZE

Voller Vorfreude und Nervenkitzel komme ich auf dem Sylter Flugplatz an. Hier soll gleich mein erster Segelflug stattfinden. Es ist ein sonniger Sonntagnachmittag, fast windstill, mit Wolken, die sich am Horizont zu formen beginnen. „Das sind perfekte Bedingungen für dein erstes Segelflugerlebnis", verspricht mir der Vorstandsvorsitzende Bernhard Nießing, der mich zusammen mit anderen Mitgliedern des Aero-Club Sylt e.V. begrüßt. Sie alle sind heute gekommen, um ihre Faszination für das Fliegen mit mir zu teilen. Darunter auch ein mir bekanntes Gesicht: Lena Mylin, über deren Sylter Swim Academy ich bereits berichtet habe. Die gebürtige Sylterin hat viele Leidenschaften und eine davon ist das Fliegen. „Ich liebe dieses Kribbeln im Bauch, wenn die Winde anzieht und der Segelflieger kurz danach durch die Luft gleitet", schwärmt sie mit ihren strahlend blauen Augen. Im Gespräch erfahre ich, dass Segelfliegen ein echter Teamsport ist und dass der 1928 gegründete Aero-Club Sylt e.V. nicht nur der nördlichste Segelflugverein Deutschlands, sondern auch einer der ältesten Vereine auf Sylt ist. Mit rund 42 Mitgliedern aller Altersklassen pflegt er eine starke Gemeinschaft, die von Teamgeist und generationenübergreifendem Zusammenhalt geprägt ist. Insgesamt vier Segelflugzeuge und ein Motorsegler bieten die Möglichkeit, die Kunst des Segelfliegens zu erlernen. Die Ausbildung erfolgt unter der Anleitung erfahrener Fluglehrer, die den Flugschüler*innen bis zur Segelflugzeugpilotenlizenz (SPL) und zur Reisemotorsegler-/Touring Motor Glider (TMG) Lizenz zur Seite stehen. Bereits ab einem Ausbildungsalter von 13 »

Mein Pilot des Vertrauens: Ralf Paech fliegt schon seit 30 Jahren.

Jahren bietet der Verein die Möglichkeit, Verantwortung zu übernehmen und die Schönheit Sylts aus der Vogelperspektive zu erleben. „Die Tradition des Segelfliegens auf Sylt ist ein wichtiger Teil unserer Identität. Wir möchten sie bewahren und gleichzeitig den Verein modernisieren, um für neue Generationen attraktiv zu bleiben. Dabei geht es auch darum, das Bewusstsein für nachhaltige und ressourcenschonende Fortbewegung zu schärfen", so Bernhard Nießing. Auch das älteste Mitglied, Harry, ist heute gekommen. Er ist 87 Jahre alt und fliegt seit stolzen 72 Jahren. Harry erzählt von seinen Erlebnissen und davon, dass er früher sogar aus dem Flugzeug Zeitungen und Medikamente über den Halligen abgeworfen hat. „Damals wurden die Segelflugzeuge noch von zehn Leuten mit einem gespannten Gummiseil über dem Kliff in Wenningstedt in die Luft gebracht. So habe ich fliegen gelernt."

Der Vorstandsvorsitzende Bernhard Nießing und das älteste Vereinsmitglied Harry Nielsen ließen mich in die spannende Geschichte des Segelflugs auf Sylt eintauchen.

Mein Start in die Lüfte

Heute ist das nicht mehr ganz so abenteuerlich, wie ich nach einer kurzen Einführung mit meinem Fluglehrer Ralf zum Glück schnell merke. Ralf feiert in diesem Jahr bereits sein 30-jähriges Dienstjubiläum und hat schon unzähligen Menschen das Fliegen beigebracht. Geduldig beantwortet er alle meine Fragen, bevor wir im doppelsitzigen Segelflugzeug Platz nehmen und in Sekundenschnelle abheben. Als das Seil automatisch ausklinkt und wir frei durch die Luft gleiten, überkommt mich ein unbeschreibliches Freiheitsgefühl. Schmetterlinge flattern in meinem Bauch, während wir lautlos über die Insel schweben. Normalerweise dauert ein Segelflug etwa sieben Minuten, aber Ralf und ich haben das große Glück, an diesem Tag ganze 51 Minuten in der Luft zu sein. Mit 2,5 Metern pro Sekunde steigen wir auf 1.800 Meter über Sylt und die Aussicht ist einfach atemberaubend.

Die Begeisterung der Sylterin Lena Mylin für den Teamsport Segelfliegen ist ansteckend.

1.800 Meter über Sylt

Die Begeisterung meines Fluglehrers ist ansteckend: „Jeder Flug ist einzigartig. Die Freude, die ich empfinde, wenn ich jemandem das Alleinfliegen beibringe, ist unbeschreiblich und von großer Bedeutung für mich. Die Bedingungen, die wir heute hier haben, sind wirklich großartig." Unter seiner Anleitung steuere ich das Flugzeug sogar selbst – jede kleine Bewegung wird in ein geschmeidiges Gleiten übersetzt. Aus der Vogelperspektive sehe ich die Insel in ihrer ganzen Pracht – das glitzernde Wasser, die winzigen Häuser und Autos, die wie Spielzeug aussehen, und die unverwechselbaren Strukturen der Landschaft. Die Lügenbrücke in Munkmarsch sieht von oben aus wie ein Gemälde und die Wasservögel wie kleine

Stecknadeln. Selbst der Hindenburgdamm wirkt aus der Vogelperspektive wie die Nabelschnur Sylts, und ich kann über den Ellenbogen hinweg bis nach Dänemark blicken.

Glücksgefühle im Bauch

Nach fast einer Stunde Flug bringt mich Ralf sicher auf den Boden zurück. Doch das Kribbeln im Bauch hält noch lange an. Und er versichert mir noch einmal: „Unser Flug ist heute einer aus der Kategorie ‚Ganz, ganz besonders' gewesen". Auch die anderen Vereinsmitglieder sind an diesem Tag voller Vorfreude auf ihre Flüge, und das Segelflugzeug hebt noch einige Male ab. Immer wieder blicke ich in strahlende Gesichter. Aber meine 51 Minuten in der Luft kann an diesem Tag keiner mehr toppen. Ich bin dankbar für dieses Geschenk des Himmels, für die Gefühle und die Gänsehaut, die ich nie vergessen werde. Lena hat mir nicht zu viel versprochen. Bald will sie ihren Pilotenschein machen, um auch Passagiere im Motorsegler mitnehmen zu können. „Sobald das möglich ist, mache ich mit dir eine Mittagspause auf Föhr", verspricht sie mir mit einem breiten Grinsen. Darauf freue ich mich schon!

Wusstest du,...

... dass du auf dem Dünenfriedhof in List das Grab des berühmten Lister Ehrenbürgers Wolfgang von Gronau findest? Als Pionier der Luftfahrt überquerten er und sein Team als erste Flieger den Nordatlantik mit einem Flugboot – mit Zwischenstopp in Island. Ihr historischer Start erfolgte einst vom Lister Hafen aus. Das Ziel ihrer Reise: der Hudson River in New York, wo sie am 18. August 1930 triumphal landeten. Die fliegerische Vorreiterrolle Sylts setzte sich auch danach fort, diesmal mit den Leistungen der Segelflieger*innen. Ein herausragendes Beispiel ist Feodora „Dolly" Schmidt, die am 7. Juli 1937 am Wenningstedter Kliff einen Weltrekord im Dauersegelflug aufstellte, indem sie sensationelle 23 Stunden und 42 Minuten ununterbrochen in der Luft blieb. Ihre Leistungen zeugen von der Sylter Fliegertradition und sind bis heute Inspiration für die Himmelsstürmer*innen.

Weitere Infos!

Wenn du in die Lüfte steigen oder Mitglied im Verein werden möchtest, melde dich unter **info@aeroclub-sylt.de** oder schau persönlich vorbei. Der Aero Club Sylt e.V. hat i.d.R. zwischen April und Oktober jeden Sonntag und an Feiertagen bei schönem Wetter ab 11 Uhr Flugbetrieb. Mit dem Motorsegler wird ganzjährig geflogen.

10 Tipps für deinen Solo-Trip

Wenn du mit dem Gedanken spielst, allein nach Sylt zu reisen, lass dich von mir ermutigen. Ob du auf der Suche nach innerer Ruhe bist, die Natur genießen oder neue Leute kennenlernen möchtest – die Insel hat für alle Alleinreisenden etwas zu bieten.

Text: Finja Schulze

1. Plane deinen Urlaub für den Sommer

Weil du dann mehr Möglichkeiten hast, Leute zu treffen. Im Sommer pulsiert das Leben auf der Insel. Restaurants, Cafés und Geschäfte haben geöffnet, und es finden viele Veranstaltungen statt. Eine Auswahl an Eventtipps findest du ab Seite 176. Wenn du es ruhiger magst, dann empfehle ich dir, im Frühling oder Herbst anzureisen. Im Winter kann es sehr einsam werden.

2. Buche eine zentral gelegene Ferienwohnung

Ich empfehle dir, eine zentral gelegene Ferienwohnung in Westerland zu buchen. So hast du den perfekten Ausgangspunkt, um die Insel zu erkunden. Mein Tipp: Die strandnahen Ferienwohnungen von Rudloff Sylt, teilweise sogar mit Meerblick. Im Apartment „Nordlicht 207" habe ich mich besonders wohl gefühlt. Weitere Infos unter **www.rudloff-sylt.de.**

3. Ab aufs Fahrrad

Leihe dir doch einfach ein Fahrrad und erkunde die Insel auf eigene Faust. Sylt bietet ein gut ausgebautes Radwegenetz, das dich zu den schönsten Plätzen führt. Mein Tipp: Mit einem hochwertigen E-Bike von den vier Standorten des E-Mobility Centers kann dir der gemeine Gegenwind nichts anhaben! Infos und Reservierung unter **www.insel-sylt.de/e-mobility.**

4. Nimm an einem sportlichen Kurs teil

Ob Strandyoga, SUPen oder Surfen – auf Sylt gibt es viele sportliche Aktivitäten, bei denen du deinem Körper etwas Gutes tun kannst und ganz nebenbei andere Teilnehmende kennenlernst. Mein Tipp: die Schnupperkurse, das mehrtägige Girls- oder Wellenreitcamp der Surfschule Südkap Surfing. Infos unter **www.suedkap-surfing.de.**

5. Verbringe gemütliche Stunden in einem Café

Kuschle dich mit einem guten Buch in eines der gemütlichen Sylter Cafés. Mein Tipp: das Kontorhaus Keitum. Hier kannst du nicht nur einen leckeren Tee genießen, sondern auch die Seele baumeln lassen und in den Geschichten deines Buches versinken.

6. Gönne dir eine Wellnessbehandlung

Gönne dir eine Auszeit vom Alltag und lass dich mit einem Wellness-Erlebnis verwöhnen. Mein Tipp: Der Day Spa im A-Rosa Hotel in List mit beheiztem Außenpool und großer Saunalandschaft. Entspanne dich bei wohltuenden Anwendungen und Massagen. Infos unter **www.arosahotels.de.**

8. Besuche Sylts Museen und Galerien

Von Kunstgalerien bis hin zu Heimatmuseen gibt es eine Vielzahl von Ausstellungen, die einen Einblick in die Vergangenheit und Gegenwart der Insel geben. Mein Tipp: Das Altfriesische Haus und Sylt Museum in Keitum bieten nicht nur interessante Informationen, sondern auch eine willkommene Abwechslung an Tagen, an denen das Wetter mal nicht so mitspielt.

7. Schließe dich geführten Touren an

Bereichere deinen Aufenthalt, indem du an einer geführten Tour teilnimmst, sei es eine faszinierende Wattwanderung oder eine Tour zum Fuße der Wanderdüne in List. Diese Touren sind nicht nur lehrreich, sondern bieten auch eine großartige Gelegenheit, Gleichgesinnte zu treffen und gemeinsam unvergessliche Erinnerungen zu schaffen. Unter **www.sylt.de** findest du alle Termine.

9. Buche einen Kochkurs

Einmal mit dem 2-Sterne-Koch Alexandro Pape zusammen kochen? Das ist in seinem Kochstudio in List auch für Einzelpersonen möglich – dank der „Buch dich dazu Events". Ob Pasta-Kurs oder Grill-Event mit dem OFYR-Feuerring – sichere dir deinen Platz an verschiedenen Terminen online unter **www.kochinselalexandropape.de.**

10. Belege ein Seminar an der Akademie am Meer

Du kannst deinen Solo-Trip auch mit einer Weiterbildung kombinieren. Vom beruflichen Bildungsurlaub über den „Naturschutz zum Mitmachen" bis hin zum Bewegungsworkshop oder Kreativkurs – das Bildungsangebot der Akademie am Meer bzw. der Volkshochschule Klappholttal ist vielfältig. Unter **www.akademie-am-meer.de** findest du das gesamte Programm.

Tipps aus der Sylt Fräulein Community

@monkamaria: Ein Wellness-Tag im Severin*s Resort & Spa. Es ist so wunderschön dort. Und danach auf ein Getränk ins Samoa Seepferdchen, hier kommt man immer mit anderen Menschen ins Gespräch.

@bettina.fasel: Das Teehaus Janssen in Westerland bietet montagabends ein Teeseminar an, sehr empfehlenswert.

@helgasteinart: Ich habe letztes Jahr im November einen Schreibkurs in der Akademie am Meer gebucht und habe die Insel dadurch mal anders kennengelernt. Es war toll dort.

@steffa.wel: Habe ich die letzten zwei Jahre im März gemacht. Habe in einer Ferienwohnung gewohnt und die Insel mit dem Bus erkundet. Wellness im A-Rosa und im Strandhotel Wyn in Westerland gemacht – herrlich. Es gibt noch viel zu sehen, sodass ich wieder einen Solo-Trip nach Sylt wagen werde.

@sabinehasse: Ich habe letztes Jahr einige Führungen mitgemacht. Die Leuchtturmführung in Hörnum hat viel Spaß gemacht!

Der perfekte U(h)rlaubsmoment

Vom 15. Juli bis 15. August 2024 kannst du die Uhrmacherkunst des Schweizer Uhrenherstellers LONGINES im Herzen von Kampen in einem einmonatigen Pop-up-Store hautnah erleben und zugleich pure Dolce Vita genießen – und das gleich in doppeltem Sinne.

100 Ausführungen der Auflage werden von feinen Diamanten veredelt, während sich 150 Modelle klassisch-elegant ohne Diamantbesatz präsentieren.

Kannst du es fühlen? Der Sand unter deinen Füßen, die salzige Brise im Gesicht und ein Stück Sylt an deinem Handgelenk: die limitierte Edition der Mini DolceVita von LONGINES. Diese Uhr fängt das sommerliche Lebensgefühl der Insel in einem zeitlosen Design perfekt ein. Du findest sie auf Sylt nur bei den ausgewählten Juwelieren Spliedt und Wempe in Kampen oder in der LONGINES Online-Boutique. Das gestreifte Textilarmband in Beige erinnert mich an die gemütlichen Strandkörbe, die die weißen Sandstrände säumen – und dank des Schnellwechselsystems kannst du es im Handumdrehen austauschen und einen neuen Look ausprobieren. Mit dem silbernen Zifferblatt, den schicken römischen Zahlen und den gebläuten Zeigern macht der Zeitmesser jeden Moment zu etwas Besonderem. Die Sonderedition ist auf 250 Stück limitiert! Also auf nach Kampen in den Wattweg 1. Hier lädt die aufwendige Pop-up-Installation vom 15. Juli bis 15. August 2024 nicht nur zum Entdecken der neuen Kollektion und der Geschichte der Marke ein, sondern bietet auch die Möglichkeit, entspannte und genussreiche Augenblicke im Zeichen des „süßen Lebens" zu verbringen. Der ideale Anlass, um unvergessliche LONGINES U(h)rlaubsmomente zu erleben.

KONTAKT:
www.longines.com/de
@longines

Gut zu wissen!

LONGINES, mit Sitz in Saint-Imier in der Schweiz, ist seit 1832 ein Synonym für Tradition, Eleganz und herausragende Leistung. Mit ihrem jahrhundertealten Uhrmacher-Know-how hat die Marke zahlreiche technologische Meilensteine, insbesondere in der Entwicklung von Taucher- und Fliegeruhren, gesetzt. Legendäre Flugpioniere wie Charles Lindbergh und Amelia Earhart vertrauten auf die Präzision von LONGINES Chronometern bei ihren Himmelsabenteuern. Bis heute bewahrt das Unternehmen diesen Geist der Innovation und Vorreiterrolle und ist verantwortlich für die Zeitmessung bei renommierten Sportereignissen wie dem königlichen Royal Ascot in Großbritannien.

FOTOS: LONGINES

Im Jettempo nach Sylt!
Schnell und komfortabel.
WESTERLAND/SYLT
HAMBURG
SYLT AIR
DÜSSELDORF
Eurowings
KASSEL
Rhein-Neckar Air
FRANKFURT
Lufthansa
LUXEMBURG
Luxair
MANNHEIM
Rhein-Neckar Air
STUTTGART
Eurowings
MÜNCHEN
Lufthansa
ZÜRICH
SWISS
SOMMERSAISON
GANZJÄHRIG
Flughafen Sylt
Flughafen Sylt GmbH
Flughafenstraße 1 · 25980 Sylt/Tinnum
Telefon 04651 920612
E-Mail: service@flughafen-sylt.de
flughafensylt · flughafensylt
Tagesaktuelle Flugpläne
findest Du auf
www.flughafen-sylt.de
Unsere Airline-Partner bringen Dich schnell nach Sylt und zurück.
Änderungen und Irrtümer vorbehalten! · (Stand 04/2024) · Foto © insel-sylt.de / Lars Jockumsen

Helden auf vier Pfoten

FOTOS: JASMIN HEIMBERGER

Wenn Menschen mit Hunden ohne Leine durch die Dünen laufen, zuckt man als Sylt-Liebhaberin ja schnell mal zusammen, lautet doch ein unumstößliches Inselgesetz: „Dünenschutz ist Inselschutz!" Und um Dünen zu schützen, betritt man sie nicht. Also: Was machen die da? Und: Dürfen die das?

Text: Jasmin Heimberger

FOTOS: ESTHER JÖRGENSEN

Ja, die dürfen das! Und die sollen das sogar. Denn „die" gehören zur BRH Rettungshundestaffel Sylt, einer der vier aktiven Rettungshundestaffeln auf der Insel. Und die unwegsame Dünenlandschaft ist für sie die perfekte Trainingsumgebung. Auf dem abwechslungsreichen Untergrund, in versteckten Tälern und auf den weiten Heideflächen müssen die Hunde immer anders reagieren und ihre Spürnasen unter verschiedenen Bedingungen einsetzen, um eine versteckte Person aufzuspüren.

Training in den Dünen

Neun Mensch-Hund-Teams sind heute zum Training gekommen, um an ihren jeweiligen Fähigkeiten zu arbeiten. Denn obwohl den Tieren ihr außergewöhnlicher Geruchssinn angeboren ist, müssen sie das Aufspüren von Personen, das Anzeigen durch Verbellen und auch die Kommunikation mit ihren Halter*innen in vielen Trainingsstunden perfektionieren. Das Ziel von allen, die hier sind, ist klar: Eines Tages im Einsatz eine verschwundene Person auffinden. Der Weg dahin: Eine Ausbildung zum Rettungshund bei der Rettungshundestaffel Sylt. Diese beginnt idealerweise bereits spielerisch im Welpenalter und dauert dann zwei bis drei Jahre. Nicht nur der Hund muss dabei lernen, sondern auch der Mensch wird ausgebildet: Sprechfunk, Kartenkunde, Orientierung mit Kompass und GPS, Erste Hilfe an Mensch und Hund sind wichtige Grundkenntnisse, die man zur Prüfung vorweisen muss. Heute werden aber Praxiseinheiten gesammelt und die werden je nach Kenntnisstand unterschiedlich gestaltet:

Level 1: Der Motivationskreis

Menschen sind super! Das ist die erste und wichtigste Lektion, die jeder Hund lernt, der mal ein heldenhafter Flächensuchhund werden will. Und das geht so: Der Hund steht in der Mitte, um ihn herum vier Menschen in Sichtweite. Nacheinander läuft das Tier auf die Personen zu und wird von ihnen ausgiebig belohnt. Menschen werden damit ganz nebenbei positiv besetzt und schon ist die Grundlage für die Arbeit als Flächensuchhund gelegt. Sobald die Grundregel (Menschen sind super!) verinnerlicht ist, kann es weitergehen mit der Ausbildung. »

Nach der Arbeit folgt die Belohnung mit Leckerlis oder dem Lieblingsspielzeug.

Vom Welpen bis zum Senior: Die Hunde-Mensch-Teams trainieren regelmäßig, um fit für den Einsatz zu sein.

Ein Tag im Hundeparadies

Wie der perfekte 5-Sterne-Tag für Vierbeiner aussieht, habe ich zusammen mit unserem Redaktionshund Josie beim exklusiven Hundeausstatter Dogstyler Sylt in Tinnum herausgefunden.

Text: Finja Schulze

Wer mit Hund auf Sylt Urlaub macht, sollte unbedingt bei Dogstyler in Tinnum vorbeischauen, denn hier wartet ein Einkaufsparadies für Vierbeiner. Mit Redaktionshund Josie im Gepäck erkundete ich das Angebot: von schicken Leinen und Hundebetten über Snacks für jede Hundenase bis hin zu sicheren Autolösungen. Höhepunkt war die Begrüßung durch den charismatischen Storemanager Andreas und seinen süßen Mops-Assistenten Meister Joda. Er ist der Grund, warum Andreas sein altes Leben in der Finanzwelt hinter sich gelassen hat, um Hunden wie Josie ein VIP-Shopping-Erlebnis auf Sylt zu bescheren. Die Atmosphäre im Laden? Entspannt und herzlich. Egal, ob du die richtige Kleidung für das Nordseewetter suchst oder deinem Hund mit einem neuen Spielzeug eine Freude machen möchtest, hier bist du richtig. Und das Beste? Hier darf der Hund auch mal Hund sein – Toben und Leckerlitesten inklusive. Dogstyler ist übrigens eine deutsche Manufaktur mit Sitz im westfälischen Soest und steht seit mehr als 10 Jahren für hochwertige und handgefertigte Produkte für Hunde. Da es diverse Stores in Deutschland, Österreich und der Schweiz gibt, findest du vielleicht auch in deiner Heimat einen Dogstyler. Bevor es für uns mit unseren neuen Spielzeugen und einem Outdoorlounger zum Hundestrand ging, verrieten uns Andreas und Joda noch ihre liebsten Ausflugstipps – bei einer Kaffeepause auf der „Dog & Coffee"-Terrasse des Ladens. Und unser neuer DOGSTYLER® Autositz sorgt jetzt dafür, dass Josie nicht nur bequem, sondern dank des speziellen Gurtsystems auch sicher reist und das Auto sauber bleibt. Unser Besuch bei Dogstyler Sylt war ein tolles Erlebnis – entspannt, freundlich und mit einer ordentlichen Portion Verwöhnung für die Fellnase.

Insbesondere für lange Fahrten ist ein DOGSTYLER® Autositz Gold wert!

KONTAKT:
Keitumer Landstraße 38 in Tinnum
www.dogstyler-shop.de
@dogstyler.sylt

Das unschlagbare Duo ist auf Sylt längst bekannt wie ein bunter Hund.

Rutsche zum Meer

Es müsste mehr Rutschen geben auf dieser Welt! Denke ich und habe aufgehört, die Rutschrunden der Jungs runter zum Strand mitzuzählen. Wenningstedt hat ziemlich viel, was Familien einen Urlaubstag versüßt. Die allgegenwärtigen Alltagsmenschen von Christel Lechner wecken Lächeln auf den Lippen, der Beach-Soccer-Platz lädt zu spontanen Fußball-Freu(n)den, „iismeer"-Eis und „Twisters"-Pommes machen das Glück zwischen Gischt und Weitblick perfekt.

Unser Tipp!

Habt immer Schippen, Socken zum Wechseln, Mütze, Regenjacke, Sonnencreme, Wasser und vor allem Snacks, Snacks, Snacks dabei!

Stromern zwischen

Keitum und Munkmarsch

Lustigerweise begegnen wir während unserer „Wanderung" immer wieder Menschen, die just am Sylter Megamarsch teilnehmen (100 km in 24 Stunden). Unser persönlicher Megamarsch beträgt in etwa 3,2 Kilometer. Bevor es losgeht, decken wir uns daher mit einer lebenswichtigen Packung Friesenkekse in Nielsens Kaffeegarten ein. Dann stromern wir von Keitum nach Munkmarsch, das Watt immer an unserer Seite. Mal auf dem befestigten Weg und, dank Ebbe, an einigen Stücken genau am Saum zwischen Pfützen, Watt und Land. Kaum haben wir das Fährhaus passiert, öffnet sich die kleine Munkmarscher Bucht und die Schippen werden ausgepackt.

Drei Wochen lang haben Katharina und ihre Jungs die Insel unter ihre Lupe genommen.

Samoa, Seepferdchen und Sammeln

Auf dem Parkplatz eine E-Aufladestation von Porsche – was in mir rein gar nichts auslöst, scheint für die Jungs das Tor zu ihren Automobil-Fantasien zu sein. Nie waren sie echten Porsches so nah wie hier. Ich zähle mein Geld, sage, für einen Porsche reicht es heute leider nicht, aber für ein Eis beim „Seepferdchen". Die Jungs sind einverstanden. Nach Eis und Spielplatz weckt die Müllsortierstation am Samoastrand die Sammlerstimmung der Jungs, und gemeinsam suchen wir angespülten und vom Wind verwehten Plastikmüll. Wie gut, dass trotz aller Urlaubsleichtigkeit und dank lokaler Initiativen wie Bye Bye Plastik Sylt die (Meeres-)Müllthematik in das Bewusstsein aller rückt.

Follow us on Instagram
SYLTER
Bonscherei
SÜSSES · LIEBEVOLL · HANDGEMACHT
AHOI
aus Westerland!
DIE GLÄSERNE BONSCHEREI IST UMGEZOGEN UND FREUT SICH,
DEN UMZUG MIT EUCH AM 24.06.24 ZU FEIERN!
Wir bleiben: süss, bunt, außergewöhnlich,
lecker, fröhlich, einzigartig
und zum Zugucken!
...AUCH EIN EIGENES MOTIV, Z.B. EIN LOGO ODER INITIALEN FÜR EINE HOCHZEIT SIND MÖGLICH.
Informationen online.
Ahoi
Ahoi
Ahoi
Ahoi
Süßes aus eigener Herstellung und aus aller Welt, Kleinigkeiten zum Ver- oder Selbstschenken.
SYLTER
Bonscherei
SYLTER
Bonscherei
Friedrichstraße
Gosch
HB Jensen
Boysenstraße
Eröffnungsrabatt
- 10%
für Sylt Fräulein Fans
Gültig: 24.06. - 20.07.24
riedrichstraße/Ecke Boysenstraße | 25980 Sylt | www.sylter-bonscherei.de

Rein ins

Nach einem Tagesausflug auf Sylts Nachbarinsel Föhr hat Sina Hoyer aus meiner Redaktion jede Menge Tipps zum Entdecken, Genießen, Bummeln und Erleben für dich im Gepäck.

Text: Sina Hoyer

Wusstest du, dass du dich nur acht Kilometer von Sylt entfernt in der „friesischen Karibik“ befindest? Allein um herauszufinden, was sich hinter dieser Bezeichnung verbirgt, solltest du dir Föhr unbedingt einmal genauer ansehen. Denn der Beiname bezieht sich unter anderem auf das klare Wasser, die entspannte Atmosphäre und die malerischen Strände, die die kleine, runde und grüne Insel umgeben. Fast wie in fernen tropischen Urlaubsländern. Was Südseeparadiese wie Bahamas und Co. allerdings nicht bieten können, sind dieser gewisse friesische Charme, die Gemütlichkeit und tausendundein hübsches Friesenhaus. Noch nicht überzeugt? Dann nichts wie ab zum Schiffsanleger im Hörnumer Hafen und ab nach Föhr!

Anreise mit dem Schiff

Schon die Anreise nach Föhr ist ein Highlight für sich. Denn mit der Reederei Adlerschiffe beginnt dein Tag zunächst mit einer gemütlichen Schifffahrt. Die Verbindung von Sylt nach Föhr wird in der Saison fast täglich ab 10 Uhr mit der „MS Adler Cat“ oder ab 12 Uhr mit der „MS Adler Express“ angeboten. Vom Hörnumer Hafen geht es zunächst nach Amrum. Ein Umstieg auf die „Adler Rüm Hart“ später und du schipperst entlang der Seehundbänke in Richtung Wyk auf Föhr, wo es nach rund eineinhalb Stunden heißt: Ziel erreicht! Wenn du mit der „MS Adler Cat“ unterwegs bist, hast du großzügige fünfeinhalb Stunden Aufenthalt, bevor es um 17:15 Uhr auf dem gleichen Weg wieder zurück nach Sylt geht. Die Preise für Erwachsene und für Kinder sowie den aktuellen Fahrplan und weitere Informationen gibt es unter **www.adler-schiffe.de**.

Mit der „MS Adler Cat" geht es innerhalb von 1,5 Stunden von Hörnum nach Föhr.

Der friesische Charme von Föhr mit den schnuckeligen Reetdachhäusern bietet tausendundein schönes Fotomotiv.

Föhrgnügen!

Im Vergleich zu Sylt sind die Strandkörbe hier deutlich bunter und die Strände genauso schön.

Abenteuer auf zwei Rädern

Mit rund 82 Quadratkilometern ist Föhr recht überschaubar. Deshalb eignet sich das Fahrrad perfekt, um die Insel zu erkunden. Rund um den Hafen in Wyk befinden sich direkt mehrere Fahrradverleihe, wie zum Beispiel FÖHR BIKE. Hier kannst du dein Wunschgefährt online reservieren oder einfach spontan vorbeischauen. Auf fünf gut ausgeschilderten Hauptrouten fährst du auf Föhr vorbei an grünen Wiesen, idyllischen Bauernhöfen, niedlichen Dörfern oder entlang der Küste, und lässt dir die frische Nordseeluft um die Nase wehen. Denn auf zwei Rädern bist du nicht nur flexibel und umweltfreundlich unterwegs, sondern kannst auch die Natur und ihre herrliche Atmosphäre hautnah genießen. Die Rad- und Wanderkarte der Insel ist in allen örtlichen Tourist-Informationen erhältlich. Und noch ein kleiner Tipp am Rande: Der Aufpreis für ein E-Bike zahlt sich aus!

Trubel trifft Dorfleben

Auch wenn die Zeit nicht ausreicht, um alle 16 Gemeinden Föhrs während deines Aufenthalts gleichermaßen unter die Lupe zu nehmen, lohnt sich eine Entdeckungstour abseits der Hauptstadt Wyk. Auch hier locken zahlreiche Sehenswürdigkeiten, die lebendige Promenade mit dem einzigartigen Halligblick und der 15 Kilometer lange feinsandige Strand. Der Ortskern mit seiner historischen Architektur ist durchzogen von kleinen, verträumten Gassen, in denen sich Boutiquen, hippe Cafés und urige Kneipen verstecken. Die kleinen, beschaulichen Inseldörfer von Oevenum, Midlum oder Alkersum über Süderende bis Nieblum punkten dagegen mit hyggeliger Atmosphäre abseits der Ströme von Tourist*innen. Das Highlight: die verträumten Reetdachhäuser, deren blühende Gärten die kopfsteingepflasterten Straßen säumen – „unföhrstellbar" schön!

Zwischen Mühlen, Märkten und Museen

Auf Föhr erwartet dich ein ganzer Blumenstrauß kultureller Schätze, die über die ganze Insel verteilt sind und bei einem Besuch unbedingt einen Stopp wert sind. Da wären zum Beispiel imposante Bauwerke wie die St. Laurentii-Kirche in Süderende oder die historischen Mühlen in Wyk, Oldsum, Borgsum und Wrixum. Im Dr.-Carl-Häberlin-Friesen-Museum in Wyk erhältst du faszinierende Einblicke in Föhrs »

#Inselinspo

Entspannte, kreative und sportliche Aktivitäten sowie Shoppingtipps mit einer großen Portion Sylt-Liebe.

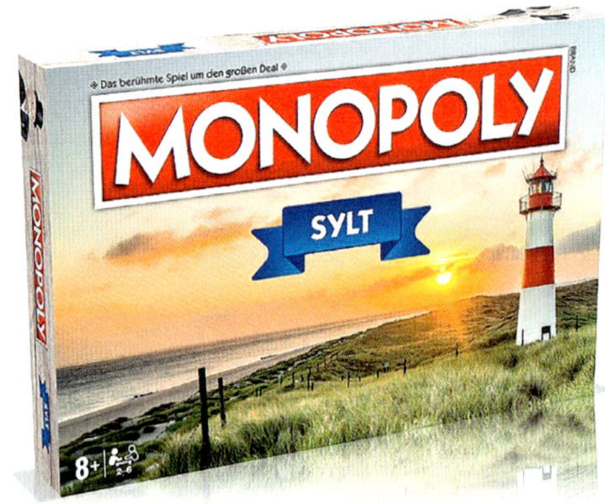

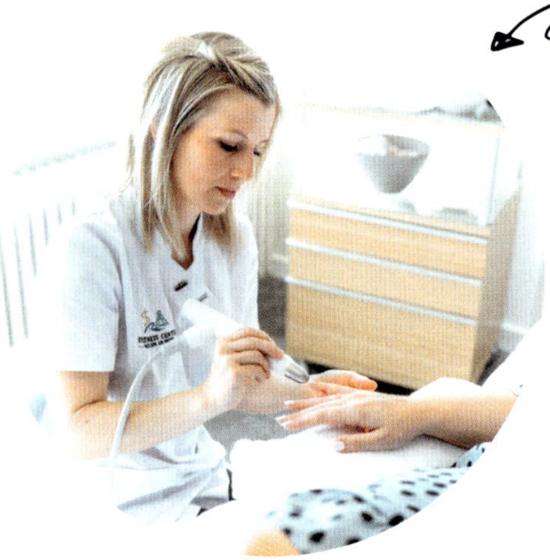

Mein Tipp: Die TDA-Behandlung für Hände und Nägel.

Wellness zwischen Watt und Düne

Erlebe Entspannung pur im neuen Day Spa in Rantum: Hier kannst du ganz perfekt auf dich abgestimmte Wohlfühlmomente genießen. In dem mit viel Liebe zum Detail eingerichteten Behandlungsraum werden wohltuende Gesichtsbehandlungen mit hochwertiger Kosmetik, Pediküre, Maniküre und entspannende Massagen angeboten. Weitere Infos und Terminbuchung unter **www.syltnesscenter.de.**

Monopoly Sylt

Erlebe mit MONOPOLY Sylt eine spielerische Reise über die Insel. Von der Friedrichstraße bis zum Leuchtturm List – in der Sonderedition gibt es neben den klassischen Elementen auch viele Überraschungen. Vielleicht hilfst du bei der Rettung einer Kegelrobbe oder gewinnst beim Kitesurf-Wettbewerb? Erhältlich unter **www.sylt-spiel.de.**

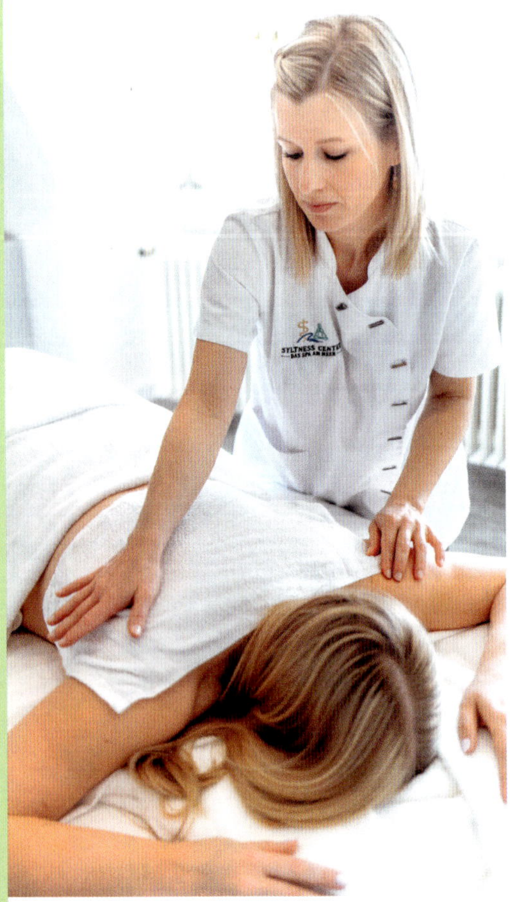

Muscheln, Musik & Meer

Mach dich bereit für einzigartige Erlebnisse auf See mit den neuen Touren von Adler-Schiffe ab dem Hörnumer Hafen! Bei der „Sylter Muschel-Safari“ kannst du direkt in die Muschelzucht eintauchen und frische Miesmuscheln bei einem guten Glas Wein genießen. Jeden Donnerstagabend heißt es „Leinen los“ zur zweistündigen BBQ-Cruise mit toller Musik, leckerem Grillbuffet und coolen Drinks. Und am Samstagabend kannst du den Tag auf der „After Beach Cruise“ an Bord der MS Adler VI mit entspannten Beats und einem beeindruckenden Sonnenuntergang ausklingen lassen – perfekt für einen chilligen Abend mit deinen Freund*innen oder der Familie. Die Fahrten sind von Mai bis Ende Oktober buchbar. Infos und Tickets unter **www.adler-schiffe.de/sylt.**

3 Fragen an ...

... Yogalehrerin und Kiterin Jennifer Abel. Zusammen mit dem Kitesurflehrer Sascha Mesterknecht bietet sie ein Yoga & Kite Girls Camp an.

Was macht euer Camp auf Sylt so besonders?
Unser Camp ist einzigartig, weil wir die Energie des Kitesurfens mit der Entspannung von Yoga verbinden, und das alles in der wunderschönen Natur Sylts. Die Mädels können sich auf tägliche Yoga-Sessions, Kitesurfen mit erfahrenen Trainer*innen und modernstem Equipment freuen. Abends runden gemütliche BBQs und Sundowner den Tag ab.

Gibt es Alternativprogramme, wenn der Wind mal ausbleibt?
Kein Wind ist bei uns kein Problem! Wir bieten eine Reihe cooler Aktivitäten wie E-Foiling, Wellenreiten, SUPen oder E-Bike-Touren an.

Ist das Camp auch für Anfängerinnen geeignet?
Absolut! Wir freuen uns über jedes neue Gesicht, ganz egal, ob du Anfängerin bist oder schon Erfahrung hast. Jede Teilnehmerin erhält eine individuelle Betreuung von unseren professionellen Trainer*innen, damit sie das Beste aus ihrer Zeit bei uns herausholt.

Das nächste Kite & Yoga Girls Camp findet vom **5.-9. September 2024** statt. Weitere Infos auf **www.rueckenwind-kitesurf.de.**

Kreative Auszeit

Lust auf eine kreative Auszeit? Dann schau doch mal im Atelier „Sylt Keramik" in der Strandstraße 5 in Westerland vorbei. Hier kannst du unter professioneller Anleitung deine eigene Keramik bemalen. Alle notwendigen Materialien sind vorhanden, sodass du dein persönliches Kunstwerk später mit nach Hause nehmen kannst. Es macht superviel Spaß! Weitere Infos und Terminvereinbarungen unter **www.syltkeramik.de.**

Schätze der Insel

In der Werkstatt des Kunstschmieds Frank Fidrowicz und seiner Frau Iara entstehen aus der einzigartigen Verbindung von Treibholz von den Sylter Stränden und kunstvoll geschmiedetem Metall wahre Schätze der Insel. Mit Hingabe kreieren sie aus den vom Meer angespülten Lahnungspfählen eindrucksvolle Strandengel und eine Vielzahl origineller Unikate. Besonders gefallen mir die dekorativen Themeninseln. Zu entdecken sind die handgefertigten Kostbarkeiten im Fissimo-Sylt Store in Westerland.

Tinnumer Straße 4 in Westerland

www.fissimo.de

FOTOS: ESTHER JORGENSEN, MONOPOLY SYLT, SVEN ERBERICH, ADLER-SCHIFFE/G. PUMP

InselGenuss

S.136

S.130

FOTOS: MAIKE HÜLS-GRAENING

Es
in c
sch
ma
der
auf
im
ein
ein
zei
Kn
ge.
der
Die
gar
ein
Grö
pas
Erk
ihn
wei

Diet

Erfahre ...

- ... wo du den schönen Obstgarten auf dem Foto findest
- ... was im neuen Buch von Sommelière Bärbel Ring steckt
- ... wo du mittags schnell etwas Leckeres auf die Flosse kriegst
- ... wer die Tortenträume in Nielsens Kaffeegarten backt

Zur Goldenen Möwe

Es gibt richtig tolle Neuigkeiten aus Westerland: Mitten im Trubel der Promenade haben Fabian de Vries und Dirk Bernsdorf-Effler das Surf-Deli „Zur Goldenen Möwe" eröffnet. Ihr gastronomisches Angebot, das gemütliche Interieur mit Surf-Charakter und ganz viel Persönlichkeit werden künftig eure Strandtage im wahrsten Sinne des Wortes vergolden.

Text: Jasmin Heimberger

Was genau es bei ihnen gibt? Eine riesige Portion Fröhlichkeit! Das muss gleich als erstes genannt werden, denn das ganze Team strahlt pure Freude aus und bringt so eine herrliche Gelassenheit an seinen Arbeitsplatz, dass man einfach gerne hier verweilt. Dazu gibt es richtig guten Kaffee, kreativ belegte Foccacia direkt aus dem Ofen, Softeis und Milchshakes, frische Salate und Sandwiches. Etwas kleines Süßes wie hausgemachte Pastel de Nata oder Cookies werden natürlich nicht fehlen. Ganz besonders sind die Dosenfische, die Fabian bereits in seinem Kiosk „Tofree" am Tinnumer Campingplatz ausgiebig getestet und etabliert hat: Über fünfzig verschiedene eingelegte Dosenfische – von Sardinen über Thunfisch hin zu Makrelen – umfasst das Sortiment. Zusammen mit dem frischen Sauerteigbrot vom Bäcker Lund in Hörnum wird daraus ein perfekter Snack. Alle Speisen und Getränke werden im klassischen Deli-Style angeboten: authentische Delikatessen ganz unkompliziert als Vor-Ort-Genuss und zum Mitnehmen. Mit ihren knapp zwanzig Sitzplätzen ist die Goldene Möwe nämlich tatsächlich nicht gerade groß, hat dafür aber einen ganz entscheidenden Vorteil: „Wir haben die größte Terrasse der ganzen Insel mit knapp 1.000 Sitzplätzen", scherzt Fabian mit Blick auf die Promenade vor der Tür. „Dazu gibt es Meerblick und ab und zu Musikbeschallung. Wir lieben es hier jetzt schon!", freut er sich über den neuen Standort schräg gegenüber der Musikmuschel.

FOTOS: ESTHER JÖRGENSEN

Gute Weine treffen auf Softeis, Foccacia und den perfekten Blick auf den Sonnenuntergang.

Die Blaue Stunde

Apropos Musikmuschel: Hier auf der Promenade treffen sich verschiedene Welten: Discofox-Paare schwofen zur Livemusik, während Surfer*innen ihre Boards zum Strand tragen und Familien sich mit Sandspielzeug eindecken. Nach Vorstellung der beiden Chefs werden sie alle künftig einen gemeinsamen Nenner haben: „Wir wünschen uns, dass die vielen Leute, die da draußen sitzen, in den Strandkörben, auf der Promenade und am Strand, mit unserem Angebot glücklich sein werden. Dabei möchten wir vor allem ein gutes Gefühl und tolle Erinnerungen vermitteln." Um genau solche erinnerungswürdigen Momente zu schaffen, werden die beiden für feste Rituale sorgen, wie etwa die „Blaue Stunde": „Blaue Stunde nennt man die Zeitspanne nach dem Sonnenuntergang bis zum Einsetzen der Dunkelheit. Dafür bieten wir ein kleines Food- und Getränkepackage an. Das schnappst du dir, gehst an deinen Lieblingsort und zelebrierst diesen Moment." Dirk, gelernter Segelmacher mit handwerklichem Geschick und einem Auge für Interieur, hat eigens dafür Weinkühler angefertigt. Und auch sonst ist das kleine Deli an der Promenade mit vielen liebevollen Details ausgestattet, die dir bei deinem Besuch sicher ein Lächeln ins Gesicht zaubern werden...

KONTAKT:
Zur Goldenen Möwe
Kurpromenade in Westerland
@goldene_moewe_sylt

In Lunch-Laune

Du hast mittags richtig Hunger und keine Lust, lange zu suchen? Ich habe für dich sieben Spots herausgepickt, an denen du unkompliziert etwas Leckeres auf die Flosse oder den Teller bekommst. Ob Burger, Fischbrötchen oder eine Gourmet-Pause – hier ist für jeden Geschmack etwas dabei.

Text: Finja Schulze

1.

Mit Herz und Honig-Senf

Gleich hinter dem Ortseingang von Keitum verbirgt sich das Restaurant Sünhair. Genieße hier ab 12 Uhr eine leckere Mittagspause im Liegestuhl auf der Terrasse. Mein Tipp: die liebevoll belegten Fischbrötchen „Sünhair-Style" mit Matjes oder Lachs und Honig-Senf-Soße im glutenfreien Brötchen.

Erich-Johannsen-Wai 2 in Keitum

Catch of the Day: Fischbrötchen mal anders!

FOTOS: ESTHER JÖRGENSEN

2. #lecker

Beach Bites für Burgerfans

Heißhunger auf einen richtig guten Burger? Dann nichts wie hin zur Beach Box! Mein Tipp: der Lady's Burger mit einem dünneren Patty, knackigem Salat, Tomate, Gurke, Röstzwiebeln und schmelzendem Käse für faire 6,90 Euro.

Käpt'n-Christiansen-Straße 40 in Westerland

Im Strandkorb schmeckt es gleich noch besser!

3.

Middach im Quellenhaus

Im Café Q in Rantum gibt es mittags wechselnde Suppen, Pausenbrote, Kleinigkeiten und richtig guten Kaffee in herrlich entspannter Atmosphäre – alles liebevoll selbst gemacht. Im Obergeschoss lädt der Coworking-Space Project Bay zum Arbeiten mit Blick auf das Naturschutzgebiet Rantumbecken ein.

Hafenstraße 1 in Rantum

4.

Lister Suppenliebe

Maurice Morell kocht ganzjährig von Dienstag bis Donnerstag frisch vegane und glutenfreie Suppen aus regionalen Produkten. Perfekt, wenn der Hunger ruft und es schnell gehen muss. Sein Suppenwagen in List hat von 12 Uhr bis ca. 15 Uhr geöffnet.

Dünenstraße 1 in List

Keitum statt Karibik

Es ist ein traditionsreicher Ort, an dem Ophelia Nielsen ihr Konditorhandwerk ausübt. Die gebürtige Sylterin wird in fünfter Generation Nielsens Kaffeegarten in Keitum übernehmen.

Text: Anke Pipke

Einmalige Lage: Nielsens Kaffeegarten liegt oberhalb des Keitumer Watts.

FOTOS: ESTHER JÖRGENSEN

Nielsens Kaffeegarten – schon beim Aussprechen dieses Namens läuft so manchem Genussmenschen das Wasser im Munde zusammen. Gerade dann, wenn er oder sie sich für süßes und herzhaftes Backwerk begeistern kann. Die Lage am Watt in Keitum tut ihr Übriges dazu und macht dieses Sylter Traditionscafé zu einem wahren Pilgerort. Geführt wird es von Jens und Elizabeth Nielsen, die sich bei einem Urlaub von ihm in der Karibik kennen und lieben lernten. Eine der beiden Töchter, Ophelia, wird in ihre Fußstapfen treten und in fünfter Generation das Zepter übernehmen.

Kunstvoll backen

2023 absolvierte Ophelia erfolgreich ihre Gesellenprüfung zur Konditorin, überzeugte die Jury mit einer kunterbunten Torte zum Thema „Karibik trifft auf Nordsee". „Motto-Torten zu erstellen mag ich am liebsten", gesteht die 23-Jährige. „Ich finde es immer schön, wenn ich ein Thema habe und dann dazu etwas kreieren kann." Doch Ophelia kann noch viel mehr, als mit Marzipan zu modellieren und mit Buttercreme zu gestalten. Morgens um 4 Uhr steht sie in der Backstube, schaltet das Radio ein und geht zusammen mit Vater Jens und einem weiteren Mitarbeiter an die Arbeit. Zuerst macht sie sich an die gebackenen Torten, die Blechkuchen und die Kekse und dann werden die Sahnetorten für den nächsten Tag gesetzt, damit die Gelatine fest genug wird. „Das frühe Aufstehen finde ich nicht schlimm", sagt Ophelia. „Meistens mache ich nach der Arbeit einen kleinen Mittagsschlaf und habe dann am Nachmittag noch viel vom Tag." Zusammen mit ihrem Freund lebt sie in Westerland. Er hat einen ähnlichen Rhythmus wie sie, ist Fischer in Hörnum. Gebacken habe sie schon immer gerne. „Mein Vater sagt, ich hätte mein Hobby zum Beruf gemacht", bekennt sie lächelnd. Wie gut, dass sie auch gerne süße Sachen isst. „Vor allen Dingen ist es gut, dass ich heute auch Sachen probiere, die ich eigentlich nicht so gerne mag. Das habe ich erst lernen müssen, weil es für meinen Beruf ja wichtig ist."

Mit Freude und Respekt

Noch heute wird in „Nielsens Kaffeegarten" größtenteils nach alten überlieferten, manchmal leicht verfeinerten Familienrezepten gebacken. „Ab und an schaue ich unauffällig zu, wie die Leute im Café unsere Kuchen und Torten essen und ob es ihnen schmeckt. Wenn ich erlebe, dass sie ins Schwärmen geraten, freue ich mich total. Diese Wertschätzung ist für mich das Schönste an meiner Arbeit." Bereits seit mehr als hundert Jahren gibt es »

Von Frühstück bis Sahnetorte – hier kommen Genussmenschen auf ihre Kosten.

Das Familienunternehmen blickt auf eine lange Geschichte zurück und wird mit Ophelia bereits an die fünfte Generation übergeben.

„Nielsens Kaffeegarten" in Keitum. Das Gebäude selbst wurde bereits 1892 als Herrenhaus von dem Keitumer Kapitän Friedrich Petersen für sich und seine amerikanische Ehefrau Agnes erbaut, denn die feine Dame wollte nicht in einem kleinen Friesenhaus wohnen. So wurde ein dreistöckiges Herrenhaus nach amerikanischen Bauplänen direkt neben dem alten Friesenhaus errichtet, das zu einem gesellschaftlichen Treffpunkt auf Sylt wurde. Nach dem Tod von Friedrich und Agnes Petersen wurde das Gebäude 1917 versteigert. Der Bäcker und Konditormeister Nicolai Nielsen und seine Ehefrau Meta waren die neuen Eigentümer, die 1919 in Keitum „Nielsens Kaffeegarten" eröffneten. Auf Nicolai Nielsen folgten sein Sohn Karl und Enkel Max, bevor der Urenkel und heutige Inhaber Jens Nielsen den Familienbetrieb 1997 übernahm und ihn später umfangreich umbauen ließ. Die Aussicht darauf, ein solches traditionsreiches Unternehmen einmal zu übernehmen, bereitet Ophelia gemischte Gefühle. „Ich freue mich natürlich auf diese Aufgabe, aber habe auch ganz schön Respekt davor", gesteht sie. „Ob alles so wird, wie ich es mir vorstelle? Zum Glück üben meine Eltern überhaupt keinen Druck auf mich aus und werden mich hoffentlich noch einige Jahre bei meinem Einstieg begleiten." Spätestens in zwei, drei Jahren will sie ihren Abschluss zur Konditormeisterin machen. „Und dabei lerne ich dann ja auch ein bisschen über Betriebswirtschaft."

Für immer Sylt

Die größte Herausforderung, die sie auf sich zukommen sieht, ist es, personelle Unterstützung zu finden. „Das ist heute schon schwierig. Wir sind permanent unterbesetzt und bräuchten dringend vor allem Konditor*innen." Dabei kann ein Arbeitsort kaum verlockender sein mit seiner traumhaften Lage am Wattenmeer und seinem historischen Flair. Und auch Keitum ist nach wie vor einer der bezauberndsten Orte auf Sylt, in dem Ophelia aufgewachsen ist und, wie sie sagt, eine herrliche Kindheit verlebte. Wegen der karibischen Wurzeln der Mutter hat die Familie über viele Jahre auch regelmäßig Urlaub in der Karibik gemacht, Freund*innen und Verwandte besucht. Dorthin zu ziehen, ist Ophelia und ihrem Freund aber nie in den Sinn gekommen. „Mit Sylt ist das so, entweder man bleibt oder man geht. Wir bleiben." Und darüber freuen sich sicherlich viele – auch die Liebhaber*innen von süßen Backwaren, die auch in den kommenden Jahren wieder fleißig nach Keitum pilgern werden.

Im Café hat man von fast jedem Platz einen Blick auf das Wattenmeer.

KONTAKT:
Am Kliff 5 in Keitum
www.nielsens-kaffeegarten-sylt.de
@nielsenskaffeegarten

Zwischen Flora und Fauna

Schon beim Betreten des Severin*s Resort & Spa in Keitum spürt man die Magie dieses Ortes im Herzen der Insel. Unvergesslich wurde mein Besuch jedoch durch die kulinarischen Höhepunkte, die mich im Sternerestaurant Tipken's by Nils Henkel und im Hoog erwarteten.

Text: Finja Schulze

Mein Lieblingsgang: Frühlingsgemüse mit Sauerteig, Morcheln, Bete und Kräutern.

Das Severin*s Resort & Spa in Keitum ist ein ganz besonderer Ort auf Sylt. Eine Oase der Ruhe direkt am Wattenmeer, in der man den Alltagsstress hinter sich lassen kann. Schon die im Sommer von farbenprächtigen Hortensien gesäumte Zufahrt zu dem im friesischen Stil erbauten Hotel unter Reet lässt dich in eine andere Welt eintauchen. Auf 30.000 Quadratmetern kannst du hier einfach mal die Seele baumeln lassen und in einzigartiger Atmosphäre erleben, was großzügige Gastfreundschaft und echte Erholung bedeuten. Ankommen in den luxuriösen Zimmern und Suiten, durchatmen im traumhaften Spa-Bereich und sich rundum wohlfühlen dank der authentischen Herzlichkeit des Teams. Allen voran Hoteldirektor Christian Siegling, der stets präsent ist und sich nach dem Wohlbefinden seiner Gäste erkundigt. Auch die Kulinarik ist im Severin*s eine echte Herzensangelegenheit. Nirgendwo sonst auf der Insel werden die Schätze der Natur so nachhaltig und modern vereint wie im Tipken's by Nils Henkel. Umso mehr habe ich mich gefreut, als mich das Luxushotel zu einer kulinarischen Reise in das ab Anfang 2024 mit einem Michelin-Stern ausgezeichnete Restaurant einlud. So viel kann ich schon mal verraten: Der aufmerksame Service rund um Gastgeberin Julia Westphal, das wunderschöne Ambiente – von der Blumendekoration bis zum Bild an der Wand – und die Kreationen von Küchenchef René Verse haben meinen Nachmittag zu einem Erlebnis gemacht.

FOTOS: ESTHER JÖRGENSEN, AXEL STEINBACH

Spitzenküche im Tipken's by Nils Henkel

Im Tipken's hast du die Wahl, à la carte zu bestellen oder das von Spitzenkoch Nils Henkel konzipierte und von René Verse mit Leidenschaft umgesetzte Menü Flora oder Fauna zu probieren. Während die Fauna Fleisch und Fisch gekonnt in Szene setzt, begeistert die Flora mit einer Vielfalt an Gemüse und Kräutern. Das kulinarische Konzept ist geprägt von einem starken Nachhaltigkeitsgedanken, der viele regionale Produkte einbezieht, die perfekt mit feinen Spezialitäten und Gewürzen aus aller Welt kombiniert werden. Und ich Glückspilz durfte eine Auswahl aus den Menüs probieren. Schon beim ersten Biss in den Balfego-Thunfisch mit Sojasauce, Fjordgarnelen, Yuzu und Kohlrabi wusste ich, dass ich etwas ganz Besonderes erleben würde. Die Kombination von Texturen und Aromen war einfach umwerfend. Einen Gang des Flora-Menüs möchte ich besonders hervorheben: Frühlingsgemüse mit einer Sauce aus Sauerteig, Morcheln, Bete und Kräutern. Jede Komponente war perfekt zubereitet und harmonierte wunderbar miteinander. Ich finde es bemerkenswert, mit welcher Präzision und Hingabe René Verse jedes Gericht zu einem Kunstwerk auf dem Teller werden lässt. Zu jeder Zutat konnte er mir eine interessante Geschichte erzählen. Sommelier Bernd Ahlert kredenzte dazu einen herrlichen Weißwein aus dem mit rund 700 Positionen bestens sortierten Weinkeller des Hauses. Das Dessert, eine Mascarponecreme mit Erdbeeren, »

Seit 2023 bereichert René Verse als Küchenchef des Tipken's das Küchenteam und kreiert zusammen mit diesem die nordische Variante der Flora- und Fauna-Menüs von Nils Henkel.

Typisch norddeutsch: Keitumer Fischsuppe à la Severin's mit geröstetem Baguette, Fenchelsalat und Paprikatropfen.

Mein Geheimtipp!

Der idyllische Obstgarten hinter dem Haus lädt zum Entspannen in Strandkörben oder in der gemütlichen Lounge ein – bei Kaffee, Erdbeertörtchen oder einem Glas Champagner. Nicht nur Hotelgäste sind hier herzlich willkommen!

Kerbel und Buchweizen, wurde mir mit einem Gläschen Champagner auf der Terrasse serviert, ein himmlischer Abschluss – fast.

Nordfriesisch genießen im Hoog

Denn danach ging es sogar noch weiter ins Hoog, wo ich mich ebenfalls durch die Speisekarte probieren durfte. Das zweite Restaurant im Severin's unter der Leitung von Küchenchef Uwe Benkowsky steht für regionale Produkte und traditionelle Spezialitäten in ungezwungener Atmosphäre. Nach einem Wattspaziergang kann man hier beim Lunch oder am Nachmittag bei Kaffee, Tee und Tartes aus der hauseigenen Patisserie entspannen. Oder den Abend bei einem legeren Dinner ausklingen lassen. Ich entschied mich für einen Klassiker aus der norddeutschen Küche als Vorspeise: Keitumer Fischsuppe à la Severin's mit geröstetem Baguette, Fenchelsalat und Paprikatropfen. Von dem unglaublich leckeren Hauptgang, einem Seelachsfilet mit Spargel, Erbsen, Radieschen, Champignons, Pot au Feu und Schnittlauchkartoffeln, träume ich heute noch. Gefolgt von einem Kokosmilchreis im Glas mit Mango und rotem Shiso-Sorbet. Der perfekte Abschluss meiner Genussreise im Tipken's und Hoog. Beide Restaurants bieten einzigartige kulinarische Erlebnisse, die unvergleichlich sind. Wer nach Keitum kommt, sollte sich diese nicht entgehen lassen. Für mich war es ein Tag voller Geschmacksexplosionen, den ich so schnell nicht vergessen werde.

Ein weiteres Highlight: die kunstvollen Petit Fours von Patissiers Maximilian Eck und Sebastian Mayer. Eine Geschmacksexplosion!

KONTAKT:
Severin's Resort & Spa
Am Tipkenhoog 18 in Keitum
www.severins-sylt.de
@severins_resort_spa

ALTONAER SPIRITUOSEN MANUFAKTUR
SO SÜDEN KANN DER NORDEN SEIN
SAUDADE
HANDCRAFTED
GIN SUL
BORN IN THE ALGARVE
LEMONS & COASTAL BOTANICALS
500 ml DISTILLED DRY GIN MADE IN HAMBURG 43% VOL

Weine sind ihre Welt

Bärbel Ring ist Restaurantleiterin im Söl'ring Hof in Rantum und eine mehrfach ausgezeichnete Sommelière. Ihr unglaublich großes Wissen zum Thema Weine hat sie jetzt in einem Buch weitergegeben. Anke Pipke hat die humorvolle und lebensfrohe Wahlsylterin nicht nur dazu interviewt.

Text: Anke Pipke

Wie wurdest du von der Weintrinkerin zur Weinkennerin?
Auf Weinverkostungen habe ich immer nichts verstanden, fand es aber irgendwie cool. Es hat mich gereizt, mehr darüber zu erfahren. Und dann habe ich angefangen, mich in die Welt der Weine einzutrinken. Wie schmeckt es denn eigentlich? Und die Erkenntnis war: Es schmeckt schon ziemlich unterschiedlich. Manches für mich besser und manches gar nicht so.

Und das Kriterium schmeckt oder schmeckt nicht …
… ist das Allerwichtigste. Egal ob Sommelière oder nicht. Ich verkostete vor vielen Jahren in München einen Rheingauer Riesling aus dem Schlossgarten Berg Schlossberg. Ich weiß heute noch, wie der geschmeckt hat, und dass er mich an weiße Weinbergpfirsiche erinnert hat. Das war ein Schlüsselerlebnis. Ich begann alles aufzuschreiben, interne Weinbewertungen für mich selber zu erstellen.

Wie muss man sich das vorstellen? Daumen hoch oder runter?
So ähnlich. Drei Ausrufezeichen kamen hinter den Wein, der mir besonders gefiel, oder das Wort schön. Dann begann ich mich mit der Historie zu beschäftigen und alte Weine zu verkosten. Und von da an war ich dem Wein verfallen. Die ganzen Geschichten drum herum haben mich total gepackt.

Wie kamst du nach Sylt?
Ich komme aus Duisburg, aber bin mit meinen Eltern als Kind viel auf Borkum gewesen. Die Nordsee mochte ich also schon immer. Dass ich mich nach meiner Zeit in München für Sylt entschied, war eine gute Fügung. Hier habe ich meinen Mann Norman kennengelernt. Wir arbeiteten beide bei Karsten Wulff in seinem Fischrestaurant in Keitum. Als ich meine Sommelière-Ausbildung berufsbegleitend in Koblenz gemacht habe, haben wir im Rheingau gelebt und gearbeitet. Nach meinem Abschluss zog es uns aber wieder zurück nach Sylt. Unsere Herzen hingen einfach schon damals im Norden fest.

Bärbel Ring möchte andere in die spannende Welt des Weins mit Leichtigkeit heranführen.

FOTOS: ANNA PLOG / SÜDWEST VERLAG

Du bist mittlerweile eine preisgekrönte Sommelière und hast einen eigenen Weinkeller im Söl'ring Hof aufgebaut. Bist du besonders fleißig oder besonders talentiert?
Ich glaube, es ist beides. Ich lese eigentlich fast nur Fachliteratur, streiche Wichtiges an, fasse es zusammen und schreibe es mir auf, fotografiere und archiviere Etiketten. Das ist das eine. Aber ein Händchen dafür braucht man auch, und vor allem ein Herz. Ich mag es total gerne, abends im Restaurant zu sein und bei den Gästen an den Tischen zu stehen. Es gefällt mir zu entscheiden, was der Gast im Glas hat.

Wie entsteht so eine Entscheidung?
Dafür benötige ich nur ein paar Vokabeln. Ich sage dann meistens, ich gehe mal kurz in den Keller. Dort lasse ich das Gesagte Revue passieren und mache mir Gedanken darüber, was der Wein des Abends für diese Gäste ist. Und zack, zu 98 Prozent finde ich ihn dann meistens. Den passenden Wein zum jeweiligen Essen zu suchen, das ist für mich wie Kochen im Mund. Ich füge einem Geschmack ein Aroma hinzu.

Wie erkennt man einen guten Wein?
Man bekommt ein Gefühl dafür, was im Keller gemacht ist und was aus dem Weingarten herausgearbeitet wurde. Ich achte bei meinen Lebensmitteln, die ich auf den Teller bekomme, ja auch auf eine gute Produktion in Bio-Qualität, ohne Massentierhaltung und künstliche Zusätze. Ein Wein für zwei Euro kann in dieser Hinsicht kein guter Wein sein. Damit der schmeckt, müssen sehr viele künstliche Zusatzstoffe verwendet werden. Für mich ist das eine Frage der Philosophie.

Warum hast du ein Buch geschrieben?
Ich wollte immer schon ein Buch schreiben, aber manchmal braucht man jemanden, der einem einen Schubs gibt und Kontakte hat. So war es mit Antonia Wien. Sie ist Food-Expertin und arbeitet in der Agentur, die für den Söl'ring Hof wirksam ist. Sie wollte Tipps für Weinverkostungen, weil sie sich dort immer so unwissend und fehl am Platze fühlte. Im Corona-Lockdown habe ich »

BUCHTIPP

In ihrem Buch „Wein, sonst nix" wirft Bärbel Ring fachlich versiert und zugleich unterhaltsam einen Blick auf die vielen Facetten des Weins und vermittelt geballtes Wissen. Es gibt praktische Empfehlungen, Tipps, Selbsttests, Rezepte und die passende Weinbegleitung. Erschienen bei Südwest.

sie online geschult. Das hat uns beiden so viel Spaß gemacht, dass wir dachten, wir müssen das mal aufschreiben. Und damit auch zeigen, dass das Thema Wein oft zu ernst genommen wird.

Und vor allem Frauen die Scheu davor nehmen?
Ja, genau. Irgendwie ist das ja immer noch so ein Männerding. Er bestellt den Wein und sie guckt ihn die ganze Zeit an, nach dem Motto, nickt er ab oder nicht? Muss er mir jetzt schmecken oder nicht?

Dein Credo beim Wein ist: Immer mit der Ruhe. Ist das im Leben auch so?
Nein! Also sagen wir so, mein totales Motto ist: Man kann sich eben nicht Hose und Schuhe gleichzeitig anziehen, es funktioniert immer nur nacheinander, egal wie eilig man es hat.

Hast du das schon ausprobiert?
Schon oft! Ich gebe zu, ich bin jetzt kein wirklich ruhiger Mensch. Ich finde immer irgendetwas zu tun. Langeweile mag ich nicht gerne. Aber beim Verkosten von Wein, da achte ich darauf, herunterzufahren und es mit Ruhe zu machen.

Du sprichst in deinem Buch von drei Detektiven der Sensorik, die beim Weinverkosten wichtig sind. Auge, Nase und Mund.
Der erste Detektiv, das Auge, ist weniger wichtig als die anderen beiden. Der ist vorlaut und hat immer eine große Klappe. Die härteste Arbeit leistet der zweite Detektiv, die Nase, nämlich das Archiv im Geschmackszentrum aufzubauen. Unser Sprachzentrum ist nicht mit unserem Riechzentrum verbunden, darum können wir das, was wir riechen, so schlecht in Worte fassen. Bei Vanille oder Pfirsich, da kennt man den Geschmack und hat das Wort dafür. Man muss das in meinem Fall auch permanent trainieren, damit es nicht verloren geht.

Beim dritten Detektiv, dem Mund, ist wahrscheinlich die Schwierigkeit, dass jeder Mensch ein unterschiedliches Geschmacksempfinden hat, oder?
Was für den einen zu viel Säure hat, ist für den anderen noch nicht sauer genug. Und Geschmack hängt oft auch ab von der Situation, in der ich den Wein trinke. Aber die Qualität eines Weines spürt man eben im Mund, daran, was als Nachhall dort passiert. Wenn alle Komponenten ausgewogen sind, hinterher ins Unendliche gehen und nicht eine Komponente im Mund stehen bleibt, dann ist das schon ein Zeichen für Qualität. Das ist auch das, wonach man stets auf der Suche ist.

Hast du einen Ausgleich zu deinem anspruchsvollen Job?
Ich habe eine Pferdestute. Mit der reite ich morgens am Strand. So richtig schön kitschig, wie man sich das als Kind schon erträumt hat. Ich habe das Reiten auf Sylt wieder angefangen. Wenn nicht hier, wo denn dann? Es war eine meiner besten Entscheidungen. Einen Hund hätte ich auch gerne, aber der kommt erst, wenn mein Mann und ich alt und runzelig sind.

Und werdet ihr Sylt treu bleiben?
Das lassen wir einfach auf uns zukommen. Wir mögen auch die Insel Madeira sehr gerne. Dort haben wir auf einem Weingut geheiratet. Mit Blick auf die Fässer uns das Ja-Wort gegeben.

Wie romantisch ...
Ja, nicht? Aber mal im Ernst. Dort würden wir erst sein wollen, wenn wir nicht mehr arbeiten, sondern nur noch leben. Also dann, wenn auch der Hund kommt.

Bärbels Tipps für zu Hause

Wenn der Weißwein zu warm ist, dreht man die Flasche in einem Eiskübel mit Wasser und Salz. So kühlt sie pro Minute um 1 Grad Celsius runter.

Angebrochene Weinflaschen, egal ob rot oder weiß, stellt man am besten in den Kühlschrank. Dann sind sie etwas länger haltbar.

Wer denselben Wein aus einer Kaffeetasse, einem Wasserglas und einem Weinglas probiert, wird über das Ergebnis verblüfft sein.

FOTOS: ANNA PLOG / SÜDWEST VERLAG

Natürlich
besser leben.
Sodbrennen einfach wegtrinken?
HCO3- +
Dank dem **natürlich hohen Hydrogencarbonat-Gehalt von 1.846 mg/l** neutralisiert Staatl. Fachingen STILL überschüssige Säure im Magen. Eine wissenschaftliche Studie empfiehlt zur symptomatischen Behandlung von Sodbrennen bei Erwachsenen das Trinken von zwei Flaschen unseres Heilwassers pro Tag. Angenehm im Geschmack kann es so einen wertvollen Beitrag zu einem gesunden, unbeschwerten Leben leisten.
STAATL. FACHINGEN
Das Wasser. Seit 1742.
REIN UND NATÜRLICH
STAATL. FACHINGEN
Seit 1742
STILL
Das klassische stille Wasser
STAATL. FACHINGEN
Haben Sie Fragen zu Staatl. Fachingen?
0800 - 100 81 56
(gebührenfrei)

#Inselinspo

Entdecke Feinkostprodukte, die spannendsten Neueröffnungen und meine Geheimtipps aus der Sylter Gastro-Szene.

Weingenuss am Kreisel

Das Bistro „Drop Drink'n'Shop" am Keitumer Kreisel hat sich jetzt ganz dem edlen Tropfen verschrieben. Im Shopbereich erwartet dich neben stilvollen Wohnaccessoires und einzigartigen Geschenkideen nun auch eine sorgfältig ausgewählte Vielfalt an erlesenen Weinen und passendem Zubehör. Natürlich besteht auch die Möglichkeit, die Weine direkt vor Ort zu verkosten, begleitet von einer Auswahl feiner Snacks. Nachmittags lädt die wunderschöne Terrasse zu Kaffee und selbst gebackenem Kuchen ein. Mein Tipp: Im Drop veranstalte ich mehrmals im Jahr meine „Meet and Greet"-Events, bei denen wir uns persönlich kennenlernen können. Die nächsten Termine gebe ich immer auf meinen Social-Media-Kanälen bekannt.

Gurtstig 1 in Keitum

@drop_drink_n_shop

Von Neptuns Söhnen

Mit seiner fruchtigen und frischen Note erinnert der Coastberry Gin an nordische Sommertage am Meer. Er schmeckt nach Urlaub und leckeren Beeren, Wacholder und frischer Zitrone. Am besten selbst probieren! Erhältlich im Onlineshop unter **www.neptuns-soehne.de**

Im Drop kannst du entspannt ein Gläschen Wein trinken oder dich im Shop mit guten Tropfen, allerlei Zubehör und schönen Wohnaccessoires eindecken.

6 … neue Adressen für deine Bucket-List

♡ Das To Gao bietet jetzt auch am zweiten Standort in der Keitumer Chaussee 5a in Westerland leckeres Sushi und asiatische Küche an. Ich empfehle dir den Mittagstisch!

♡ An der Autoverladung in Westerland hat mit dem Checkout ein neues Bistro eröffnet. Perfekt für eine Stärkung vor der Abreise! Und meine Sylt Fräulein Produkte gibt es hier auch.

♡ Das Restaurant Break Time im Tennisclub bietet leckere Pizza, Pasta und Burger am Seedeich 38 in Westerland an.

♡ An der Himmelsleiter versorgt dich der neue Kiosk Beach Break mit Pommes, Waffeln, Snacks und Getränken im Gaadt 31 in Westerland.

♡ Das friesische Käselädchen ist jetzt der Käseclub. Hier im Siidik 6 in Keitum gibt es Käse und dazu Brot und gute Weine.

♡ Die Pizzeria Pinocchio hat wieder eröffnet. Freu dich auf Pizza, Pasta und mediterrane Speisen in der Boysenstraße 9 in Westerland.

Nordish by Nature

Eine frische Nordseebrise weht über die Felder der Insel und verleiht dem Sylter Raps seine ganz besondere Note. Traditionell geerntet, lagert er in Schwaden und wird durch Wind und Sonne getrocknet. Naturbelassen, unraffiniert und schonend kaltgepresst entsteht so das original Sylter Rapsöl. Die Flaschen werden in den Sylter Werkstätten von Hand veredelt. Erhältlich bei den Gehrke EDEKA-Märkten oder im Onlineshop unter **www.sylter-rapsoel.de.**

BBQ mit Nervenkitzel

Ab Oktober ist es wieder so weit: Das Krimidinner im iismeer in Wenningstedt geht in die nächste Runde! Erlebe eine packende Inszenierung mit talentierten Schauspieler*innen, während du dein eigenes BBQ mit Grillspießen genießt. Tauche ein in die fesselnde Atmosphäre und werde selbst zum Detektiv, um den spannenden Fall zu lösen. Ich war bereits dabei und es hat richtig viel Spaß gemacht. Weitere Infos und die nächsten Termine findest du unter **www.iismeer.de.**

Insta-Tipp

@vegan.auf.sylt

Auf dem Instagram-Account von Eveline Hackenberg aus Amberg bekommst du zahlreiche vegane Genusstipps rund um Sylt. Denn das Angebot in den Cafés und Restaurants steigt immer mehr. Auf meinem Blog habe ich dir auch schon viele tolle Adressen von Frühstück bis Burger zusammengestellt.

FOTOS: ESTHER JÖRGENSEN & FINJA SCHULZE

InselKultur

S.156

S.168

Erfahre …

- … wie es hinter den Kulissen von „Nord Nord Mord“ abläuft
- … was es mit der Elvis-Figur in der Friedrichstraße auf sich hat
- … welche Events du diesen Sommer nicht verpassen darfst
- … wer dafür sorgt, dass die Sylter Geschichte lebendig bleibt

Hinter den Kulissen von NORD NORD MORD

FOTO: ZDF/THOMAS LEIDLIG

Wonach werden die Drehorte der beliebten ZDF-Krimi-Reihe eigentlich ausgewählt? Welche Herausforderungen gibt es bei der Produktion auf Sylt und kommen Ina und Feldmann jemals zusammen? Am Set von „Nord Nord Mord" durfte ich diesen und weiteren Fragen im Interview mit Location Manager Tobias von Schönermark und Produktionsleiter Christoph Hasse auf den Grund gehen. In einer Drehpause hatte ich sogar das Glück, den Hauptdarsteller Peter Heinrich Brix auf einen Schnack zu treffen.

Text: Finja Schulze

Seit nunmehr 14 Jahren erfreut sich die Krimi-Reihe „Nord Nord Mord“ mit einer Quote von bis zu 10 Millionen Zuschauer*innen großer Beliebtheit beim ZDF-Publikum – und das nicht ohne Grund. Die Handlung spielt auf der schönen Insel Sylt und dreht sich um knifflige Kriminalfälle, die von dem eigenwilligen Hauptkommissar Carl Sievers (verkörpert von Peter Heinrich Brix) und seinem Team, bestehend aus Hinnerk Feldmann (gespielt von Oliver Wnuk) und Ina Behrendsen (dargestellt von Julia Brendler), gelöst werden. Die Reihe besticht nicht nur durch spannende Fälle, sondern auch durch eine herrlich humorvolle Note und die malerische Kulisse der Insel. Besonders der Dauerflirt zwischen Ina und Feldmann sorgt für Unterhaltung. Interessant ist auch, dass sich mittlerweile Hunderte von Schaulustigen bei den Dreharbeiten auf Sylt einfinden und ein regelrechter Hype entstanden ist. Umso mehr habe ich mich gefreut, dass ich bei der Produktion des 27. Films „Nord Nord Mord – Sievers und die stillen Austern“ einmal Mäuschen am Set spielen durfte. Es war faszinierend zu sehen, wie viel Arbeit und Liebe zum Detail in der Entstehung jeder einzelnen Szene steckt, wie die Schauspieler*innen miteinander agieren und wie eingespielt die Crew ist. Außerdem hatte ich die Möglichkeit, dem Location Manager Tobias von Schönermark und dem Produktionsleiter Christoph Hasse von der Network Movie Film- und Fernsehproduktion Fragen zu stellen, die mir meine Leser*innen im Vorfeld schicken konnten. Diese Erfahrung hat meine Begeisterung für „Nord Nord Mord“ noch gesteigert. Und wer weiß – vielleicht husche ich ja eines Tages als Sylt Fräulein durchs Bild?

Motiviert euch dieser Hype der Zuschauer*innen?
Tobias: Ja, total! Gerade was die Drehorte angeht. Wenn ich mit neuen Regisseur*innen zum Ellenbogen fahre, dann ist es mein Job zu sagen: „Wir hatten hier schon fünf Leichen und gehen lieber an einen anderen Ort." Weil ich weiß, dass die Fans das sofort erkennen.

Sind euch die Meinungen der Fans wichtig?
Tobias: Absolut, ja, weil wir es ja für sie machen. Wir machen es nicht für uns.
Christoph: Manchmal können wir nicht auf jede Kritik reagieren, zum Beispiel ist die Weststrandstraße in jedem Film zu sehen. Ich weiß, das nervt. (lacht)

Das ist mir auch aufgefallen. Warum dreht ihr immer auf dieser Straße?
Christoph: Weil man sie gut absperren kann und weil sie auch die schönste Straße der Insel ist. Wenn man da als Nicht-Sylter*in durchfährt, denkt man, man ist auf dem Mars. Es ist wunderschön, je nach Lichtstimmung. Aber für uns ist es da auch einfach, wenn du einen Autoüberschlag hast oder so, weil wir dann die Straße kontrollieren müssen. Wenn du in Morsum auf dem Feldweg bist, dann könntest du das eigentlich auch in Hamburg in Vierlande drehen. Da sieht es genauso aus. Die Weststrandstraße ist einfach 100 % Sylt.

Ihr nehmt es also in Kauf, dass manche Routen unrealistisch sind.
Christoph: Das ist die künstlerische Freiheit, die wir uns erlauben. Das ist in jedem Film so. Es gibt auch Filme, da dreht man in Berlin und tut so, als wäre es New York.
Tobias: Von den neuneinhalb Millionen, oder je nachdem, wie viele die Filme jeweils sehen, wissen es vielleicht hunderttausend Zuschauer*innen, und die anderen 9,4 Millionen finden es einfach schön.

Müsst ihr euch bei den Dreharbeiten trotzdem an Regeln halten?
Tobias: Natürlich gelten auch für uns Filmleute die deutschen Gesetze und der Naturschutz ist ein großes Thema. In den Naturschutzgebieten dürften wir zum Beispiel nie mit der Drohne fliegen. Was wir zum Beispiel aber an der Weststrandstraße dürfen, weil der Parkplatz am FKK-Strand von der Sperrzone ausgenommen ist, da darf man starten. Das ist auch ein Grund, warum wir da oft sind, weil wir einfach schöne Bilder machen können. Bilder, wegen denen die Leute einschalten.

> Wir erzählen ja indirekt über die Drehorte immer sehr viel über die Personen, die dort leben oder arbeiten. Das Motiv muss diese Menschen irgendwie charakterisieren oder ihnen eine Figur geben.
>
> **Tobias von Schönermark**

Wonach werden die anderen Drehorte ausgewählt?
Tobias: Der erste Teil meiner Arbeit ist, dass ich erst einmal das Drehbuch lese und schaue, welche Charaktere es gibt, welche Drehorte es braucht. Wir erzählen ja indirekt über die Drehorte immer sehr viel über die Menschen, die dort leben oder arbeiten. Das Motiv muss diese Menschen irgendwie charakterisieren oder ihnen eine Figur geben. Dann fahre ich über Sylt, werfe Zettel ein oder klingele irgendwo, spreche mit den Leuten. Im Laufe der Jahre habe ich einen riesigen Fundus an Motiven, die ich mir angeschaut habe, die wir noch nicht verbraten haben. Oder wo ich weiß: Das ist jetzt acht Filme her, da können wir noch mal hin. Ich kenne viel, aber ich gehe trotzdem auch weiter mit einem wachen Auge über die Insel.

Tobias, gibt es noch einen Ort, an dem du gerne mal drehen würdest?
Tobias: Auf jeden Fall, ja. Mein Lieblingsdrehort wäre in List in der Jugendherberge im Keller.

Warum gerade dort?
Tobias: Das ist ein riesiger Keller mit alten Heizkesseln. Das war früher das Heizkraftwerk, glaube ich. Sieht gruselig aus. Weil es ein Ort ist, an dem man Sylt nicht sofort erkennt, wird er oft als erstes von der Liste gestrichen. Aber ich werde ihn definitiv noch unterbringen.

FOTOS: ESTHER JÖRGENSEN, ZDF / THOMAS LEIDIG

Gibt es noch andere Herausforderungen bei der Auswahl der Drehorte?
Tobias: Ja, manchmal haben die Hausbesitzer*innen selbst kein Interesse, oder es gibt logistische Probleme. Wir müssen zum Beispiel darauf achten, dass wir genug Platz für unser Equipment haben und dass die Drehorte gut erreichbar sind.
Christoph: Und dann sind da noch die Fans. Wir haben viele treue Zuschauer*innen, und manchmal möchten sie, dass wir in ihrem Haus drehen. Das ist natürlich schmeichelhaft, aber wir müssen eine Balance zwischen den Bedürfnissen der Fans und den Anforderungen der Produktion finden.

Das klingt nach einer komplexen Aufgabe.
Tobias: Auf jeden Fall. Die Auswahl der Drehorte erfordert viel Fingerspitzengefühl, Planung und Flexibilität. Aber am Ende lohnt es sich, wenn die Zuschauer*innen die Geschichte durch die authentischen und gut gewählten Drehorte besser erleben können.

Macht das den Erfolg der Serie aus?
Christoph: Ich denke, es ist die Mischung aus den sehr unterschiedlichen Charakteren der Hauptfiguren, der Inselatmosphäre und den spannenden Kriminalfällen, die die Zuschauer*innen fesselt. Die interessanten Drehorte runden das Bild von Sylt ab.
Tobias: Julia Brendler hat mal in einem Interview gesagt, dass sie glaubt, dass der Erfolg auch damit zu tun hat, dass alle im Team so eine Leistung bringen. Und das glaube ich auch. Wenn man etwas zum 27. Mal macht, dann muss sozusagen die DNA des Ganzen stimmen.
Christoph: Ja, und auch, dass sich die Hauptakteur*innen verstehen. Mit denen habe ich natürlich auch einen guten Draht. Wenn was schiefläuft, dann rufe ich sie an und sage: „Wir haben jetzt ein Problem. Du bist zwar vielleicht noch nicht im Kostüm, aber kannst du dich schnell fertig machen? Wir brauchen dich." Das Innere muss stimmen, sonst kann man diese Erfolge nicht erzielen. Wir sind sogar mit zwei Filmen aus dieser Reihe für den Fair-Film-Award nominiert. Das zeigt, dass wir hier wirklich eine tolle Atmosphäre schaffen.

Und welche Rolle spielt Sylt dabei?
Christoph: Die Insel Sylt ist natürlich die vierte Hauptdarstellerin. Wobei sich Schneider inzwischen auch den vierten verdient hat.

Wie herausfordernd ist das Inselwetter für euch?
Christoph: Wenn man auf die Insel reist, weiß man, dass das Wetter launisch sein kann. Aber ausgerechnet heute haben wir uns tatsächlich überlegt, etwas zu tauschen, weil es morgen ein bisschen schwierig wird. Natürlich kennen wir das Küstenwetter mittlerweile auch aus eigener Erfahrung. Wenn heute Regen angesagt ist, kann es morgen nicht so schlimm sein – oder sogar noch schlimmer.
Tobias: Für die Schauspieler*innen ist es auch eine große Herausforderung, bei den Temperaturen und bei Sturm und Regen zu performen.

Wie frei sind die Schauspieler*innen in ihren Dialogen?
Tobias: Wir drehen gerade den 27. Film der Reihe. Die Regisseur*innen wechseln, die Drehbuchautor*innen wechseln, aber die Hauptdarsteller*innen haben ihre Rolle total internalisiert. Und natürlich sagen sie dann bei der sogenannten Leseprobe oder auch am Set mal: „Meine Figur würde das so »

Auch hinter der Kamera ein eingespieltes Team: Oliver Wnuk, Peter Heinrich Brix und Julia Bendler.

nicht machen oder sagen." Und das ist, glaube ich, auch dieses gute Miteinander hier am Set, dass dafür selbstverständlich Raum ist.

Kann sich eigentlich jede*r als Kompars*in bewerben?
Christoph: Ja, es gibt eine Casterin: Sarah Weiss. Und bei der kann man sich bewerben.
Tobias: Und dann guckt der Regieassistent in diese Kartei und sagt, den oder die kann ich für den nächsten Fall gebrauchen. Und dann bemüht man sich sehr, dass die auch dabei sind. Normalerweise klappt das immer, aber natürlich nicht, wenn es Zehntausende Bewerbungen gibt.

Kann ich mal als Sylt Fräulein mitspielen? Vielleicht ja sogar als Leiche?
Christoph: Die Leiche ist sehr schwer zu spielen. Vor allem bei dem Wetter, da muss man aufpassen, dass die Zähne nicht klappern. Das ist der am meisten unterschätzte Job am Set. Du musst dich in einen meditativen Zustand bringen, damit du eine ganz flache Atmung hast. Und deswegen kann das in der Regel kein Laie spielen. Aber was tatsächlich möglich ist, wenn wir das mit Sarah abstimmen: Du kannst sicher mal einen ganzen Drehtag als Statistin mitmachen.

Alle Folgen der 1. bis 3. Staffel der Krimireihe kannst du in der ZDF-Mediathek unter www.zdf.de/serien/nord-nord-mord aufrufen. Dort findest du auch die nächsten TV-Sendetermine.

Und zum Schluss die wichtigste Frage: Wann kommen Ina und Feldmann endlich zusammen?
Christoph: Da kann ich euch die Antwort von Julia geben: Das wüsste sie auch gerne mal und fragt sich das bei jedem neuen Drehbuch, das sie zu lesen bekommt. Also: Die beiden wissen es selbst nicht.
Tobias: Ich fände es schade, wenn sie zusammenfinden würden. Dann ist es langweilig. Ich glaube, das geht ewig so weiter!

Wie hoffentlich die ganze Reihe!
Christoph: Ja, bis zur Rente machen wir das. (lacht) •

5 Fragen an Peter Heinrich Brix

Sylt Fräulein: Machen Sie auch privat Urlaub auf Sylt?
Peter Heinrich Brix: Nein, privat mache ich hier keinen Urlaub. Mir reicht die Zeit für die Dreharbeiten, die ja mehrmals im Jahr stattfinden.

Und haben Sie dann noch richtig Lust auf Sylt? Hat diese Insel noch Reiz?
Auf jeden Fall, ich genieße die Schönheit der Insel immer noch sehr. Es ist natürlich wunderbar, die Arbeit mit dieser schönen Insel zu verbinden. Darüber muss man nicht viele Worte verlieren. Sylt ist einfach ein fantastischer Drehort.

Und welchen persönlichen Sylt-Moment haben Sie besonders im Herzen? Einen Ort, einen Augenblick, ein Gefühl?
Immer dann, wenn ich am Wasser entlang gehe und niemanden sehe. (lacht) Ich bin viel an der Wattseite unterwegs. Da fahre ich auch viel Fahrrad. Vor allem nachmittags, wenn alle vom Strand zurückkommen, fahre ich gerne noch mal los.

Man merkt sicher den Rummel um die Sendung. Nehmen Sie das wahr? Motiviert Sie das oder versuchen Sie das auszublenden?
Während der Arbeit versucht man es auszublenden. Generell nimmt man es natürlich wahr und sieht es nicht als selbstverständlich an. Irgendwie haben wir einen Nerv getroffen, und die Kombination der Menschen vor und hinter der Kamera trägt dazu bei. Sicherlich spielt auch die Insel, auf der wir drehen, eine Rolle.

Wie läuft die Zusammenarbeit mit Ihren Co-Stars Julia Brendler und Oliver Wnuk hinter den Kulissen?
Die Chemie zwischen uns war nicht von Anfang an vorhersehbar. Das ist ein Phänomen, das man schwer erklären kann. Wir verstehen uns gut, aber keiner von uns hätte das am Anfang mit Sicherheit sagen können.

FOTO: ZDF/MANJU

Die Farben des Lebens

Kim Benck lebt auf Sylt, und Sylt lebt in ihrer Kunst. In ihrem Malschuppen in List, einem Ort voller Lebensfreude und Achtsamkeit, entstehen ihre Werke. Mit einem Augenzwinkern vermitteln sie oft Botschaften, die zum Nachdenken oder Schmunzeln anregen.

Text: Jill Benck

FOTOS: JILL BENCK

Fragt man Kim Benck, was sie macht, gibt es nicht nur eine Antwort. „Kunst ist so frei, jede*r kann Künstler*in sein", sagt sie. „Du musst keinen Beruf daraus machen, du kannst es einfach tun." Und genau das tut Kim Benck: Sie malt, weil sie nicht anders kann. Ein Geschenk in Form einer angeschwemmten Boje wurde für sie ganz selbstverständlich zur Leinwand. Kim Bencks Kunst ist eine Art, persönliche Botschaften und Lebenserfahrungen festzuhalten. Ihre Werke, meist quadratische Leinwände, spiegeln die Insel und für sie bedeutsame Motive wider. Beispielsweise verleiht sie Robben menschliche Züge und orientiert sich dabei an den Gesichtsausdrücken und der Kleidung ihrer früheren Lehrer*innen. In Kims Werken stecken mehr als nur Farbe und Striche – wer die Botschaft sucht, wird sie finden.

Mode trifft Kunst

Kim Judith Benck wurde in Hamburg geboren, doch Sylt war stets ihr Ankerpunkt im Leben. Während sich viele Aspekte ihres Lebens, wie Wohnorte in Kiel und Hamburg, veränderten, blieb die Insel ihre Konstante. Hier waren ihre Freunde, das Windsurfen und vor allem ihre Oma – ihr Herzensmensch, wie die die 56-Jährige lächelnd erzählt. Kims Oma betrieb einen Imbiss in List, und Kim verbrachte jede freie Minute bei ihr auf der Insel. Sylt war immer ihr einzig wahres Zuhause, auch wenn sie in den späten 80er-Jahren die Modeschule in Hamburg besuchte. „Damals dachte ich noch nicht viel über Kunst nach, Mode war meine Leidenschaft", erzählt sie mit einem Lächeln. „Meine Dozent*innen sahen jedoch mehr das Künstlerische in mir, aber das interessierte mich damals nicht." Doch während sie einige Zeit in der Modeszene in Paris verbrachte, wurde sie von der Stadt inspiriert. Das war der Moment, in dem sie zum ersten Mal ernsthaft über Kunst nachdachte. Heute verschmelzen Kunst und Mode in ihrem Leben nahtlos. „Ich bin glücklich, dass ich nicht zwischen beiden wählen muss, sondern sie ineinanderfließen lasse." Das beste Beispiel dafür ist eine von Kim entworfene Sylt-Tapete, deren 43 handgezeichnete Inselmotive heute auch auf Tassen und Textilien wie Kissenbezügen ihres eigenen Mode- »

Mit meiner Kunst drücke ich mich aus, das ist meine Art zu kommunizieren und Geschichten zu erzählen.

Kim Benck

labels „NFI – North Frisian Islands" zu finden sind. Wer Kims Kleidungsstil kennt, versteht, warum Mode für sie so bedeutend ist. „Mit meiner Mode wollte ich immer eine Botschaft vermitteln, und wenn mir etwas an einem Kleidungsstück nicht gefiel, habe ich es selbst umgestaltet", erzählt sie mit einem frechen Grinsen. Manchmal trägt sie komplett einfarbige Outfits oder Schuhe, die auffallen. „Ich habe mich nie den Trends unterworfen. Für mich bedeutet Mode Leichtigkeit mit einem Augenzwinkern."

Zwischen Kind und Kunst

Kim absolvierte später noch eine zweite Ausbildung im Textileinzelhandel bei H&M in Hamburg. „Mir fehlte hier die Kreativität, und es war schwer, durchzuhalten." Nach ihrem Abschluss zog sie endlich ganz auf die Insel, wo ihre kreative Ader auch beim Gestalten von Surfboards mit Airbrush-Designs zum Ausdruck kam. Und sie stieg in das Geschäft ihres damaligen Mannes ein, das von einer kleinen Bretterbude in einem Bunker in List zu einem unverzichtbaren Teil des Lister Hafens, dem familiengeführten Geschäft „Paradise Customs Sylt", heranwuchs. Gleichzeitig erforderte die Familiengründung neue Prioritäten. Die Pinsel wurden vorübergehend beiseitegelegt, und sie lebte ihre Kreativität auf andere Weise mit ihren Kindern aus. Doch seit 2012 kehrte die Malerei zurück in das Leben der vierfachen Mama. „Am Anfang starrte ich auf die leere Leinwand und hatte keine Ideen", gesteht sie. „Aber als ich aufhörte, darüber nachzudenken, konnte ich nicht mehr aufhören zu malen." Die meisten ihrer Werke entstehen in ihrem Malschuppen, der von außen mit Bojen geschmückt ist, und drinnen gibt es eine Vielzahl von Farben, leeren Leinwänden und begonnenen Arbeiten. Alle Farben sind von hell nach dunkel geordnet, eine Vorliebe, die sich auch in ihrem Geschäft und ihrem Kleiderschrank widerspiegelt. Das amüsiert ihre Freund*innen und Familie stets. Einer ihrer drei Hunde, passenderweise „Pinsel" genannt, ist ihr ständiger Begleiter. Kim hört beim Malen gerne Musik, aber sie stellt die Leinwand auch gerne in die Natur.

Der Weg zur ersten Ausstellung

Nach Jahren der Stille fand Kim wieder zur Malerei zurück und träumte von ihrer ersten eigenen Ausstellung. Schließlich wagte sie den Schritt, ihre Werke im Kaamp-Hüs unter dem Titel „DA" zu präsentieren. „Ich war total aufgeregt, das war ein großer Schritt für mich", erzählt Kim und erinnert sich noch genau, wie sie mit dem Fahrrad losradelte, um ihre Bewerbung im Kaamp-Hüs abzugeben. Zuvor hatten nur Freund*innen und Bekannte ihre Bilder gesehen, doch wie teilt man sich der Öffentlichkeit mit, wenn man nichts von sich zeigt? „Kommunizieren kann man nur, wenn man etwas zurückbekommt. Mit meiner Kunst drücke ich mich aus, das ist meine Art zu kommunizieren und Geschichten zu teilen." So bleibt Kim ihrem Motto treu: „Kunst ist frei, du kannst es einfach tun." Und wer sich davon selbst ein Bild machen möchte, der kann sich unter www.kimbenck.de über ihre aktuellen Ausstellungsorte und kommende Projekte informieren.

Sylt-Travel
by Travanto
ERLEBE DEINEN PERFEKTEN URLAUB AUF SYLT! WÄHLE AUS ÜBER 5000 FERIENWOHNUNGEN UND HÄUSERN DIE UNTERKUNFT, DIE ZU DIR PASST, UND GENIESSE ANSCHLIESSEND DIE FREIHEIT, DIE INSEL ZU ERKUNDEN - SEI ES MIT DEM FAHRRAD ODER DEM AUTO.
SYLT TRAVEL FERIENWOHNUNGEN UND HÄUSER
MIETRAD – DEIN FAHRRADVERLEIH AUF SYLT
BUCHE DEIN KOMPLETTPAKET MIT SYLT TRAVEL
SCHLAFEN, RADELN & CRUISEN AUF SYLT!
MIETRAD
SYLT
HH TF 497E
Sylt-Travel
Ferienwohnungen & Mietwagen
FINJAS ERSTE WAHL: UNSER FIAT 500 E-AUTO INKL. LADEKARTE
WWW.SYLT-TRAVEL.DE
BY TRAVANTO
WWW.MIETRAD-SYLT.DE

Logierhaus Heising

FOTOS: ESTHER JÖRGENSEN & ARCHIV JENS HEISING

aus Tradition immer

ein bisschen anders

Mitten im Herzen der Friedrichstraße steht eines der ältesten und schönsten Gästehäuser Westerlands. Im Logierhaus Heising wird seit Generationen zuvorkommende Gastfreundschaft großgeschrieben. Zudem gibt es hier noch einen weltbekannten Dauermieter – und nein, es ist nicht Udo Lindenberg ...

Text: Dunja Suchatzky / Instagram @dbsuchatzky

„Wir treffen uns vor dem Haus mit dem Elvis auf dem Balkon." Diesen Satz hat wohl schon fast jede*r einmal gehört, der sich in der Westerländer Fußgängerzone verabreden wollte. Unübersehbar thront der King of Rock'n'Roll im Logierhaus Heising über der Straße und beobachtet das rege Treiben im Herzen der Innenstadt. Wie die mannshohe Elvisfigur auf den Balkon kam, wie sie dort zum heimlichen Wahrzeichen der Friedrichstraße wurde und vor allem wie spannend die Geschichte des Hauses Heising ist, haben wir uns mal näher angeguckt ...

Familientradition seit 1907

Das Logierhaus Heising in der Friedrichstraße 22 ist ein wunderschöner weißer Altbau im klassischen Seebäder-Stil und kann auf eine lange Sylter Familiengeschichte zurückblicken. 1907 vom Schuhmachermeister Carl Heising für stolze 42.000 Goldmark erbaut, war es damals eines der größten Häuser der Westerländer Innenstadt. Seine Frau Franziska, die einer alten Sylter Seefahrer- und Walfänger-Familie entstammt, kümmerte sich als Hausdame mit ganzem Herzen um die Gäste. Im Erdgeschoss des Hauses richteten sie ein Schuhgeschäft mit Reparaturservice ein und die beiden oberen Stockwerke wurden an Kurgäste vermietet. 1948 übernahm die nächste Generation der Heisings – Sohn Ernst und seine Frau Elisabeth – das Logierhaus und führte es im bewährten Stil der Eltern fort. Die Heisings waren ein fester Bestandteil der Sylter Gesellschaft: Ernst als ehrenamtlicher Stadtrat und Vertreter der Industrie- und Handelskammer und Elisabeth als Vollblut-Unternehmerin – berühmt-berüchtigt für ihre beschwipsten Skatrunden mit den Sylter Geschäftsdamen.

1968 stiegen Sohn Peter und seine Frau Christine in das Familienunternehmen ein. Textilkaufmann Peter wandelte das Schuhgeschäft im Parterre in ein Herrenmode-Fachgeschäft um. Als erster Anbieter für Jeansmoden im Norden wurde er die Top-Adresse in Sachen Trends und Fashion. Ein Highlight war die integrierte Bar im Laden, die nicht nur beim Shoppen für gute Laune sorgte. Seine Frau Christine betreute zusammen mit ihrer Schwiegermutter Lisbeth die Kurgäste und war die gute Seele des Hauses.

CARL

FRANZISKA

Moderne trifft auf Tradition

Seit über 117 Jahren ist das Logierhaus familiengeführt und noch immer steht bei den Heisings das Wohl ihrer Gäste an erster Stelle. In der 4. Generation führen heute Jens Heising und seine Partnerin Rebecca Gysbers diese Tradition erfolgreich weiter. Mit viel Liebe zum Detail und einem Top-Handwerkerteam renovierten sie 2023 das komplette Logierhaus. Alles wurde grunderneuert und technisch auf den neuesten Stand gebracht. Besonders wichtig war ihnen, das ursprüngliche Aussehen und den alten Charme des Hauses zu erhalten, gleichzeitig aber auch ein modernes und individuelles Wohnambiente zu schaffen. Dieser Spagat zwischen Tradition und Zeitgeist ist mehr als gelungen, und sie haben » ein einzigartiges Juwel geschaffen. Das Haus Heising soll für seine Gäste nicht nur eine Unterkunft sein, sondern ein Zuhause auf Zeit.

Ein Hauch von Rock'n'Roll in jedem Winkel

Als echte Inselkinder liebt das tiefenentspannte und superfreundliche Paar den rockigen Surf'n'Skate-Lifestyle. In allen Stockwerken gibt es daher ausgesuchte Accessoires und Relikte der Rock- und Pop-Kultur zu entdecken – Surfboardhalter, Vintage-Skateboarddecks, originale Tourplakate und vieles mehr. Schon beim Betreten des Hauses fällt einem sofort die linke Wand im Flur auf. Bei den Renovierungsarbeiten wurde eine antike Wandmalerei entdeckt: die friesische Flagge in verblichenen Rot-, Gelb- und Blautönen. Dieser Fund, der jedes Friesenherz höherschlagen lässt, wurde natürlich erhalten. Im Treppenhaus findet man hinter einigen Türen skurrile Überraschungen, zum Beispiel in der Besenkammer ein Bravoposter von Boris Becker aus den 80er-Jahren. Auf den drei Etagen gibt es sechs Ferienappartements, die alle nach Familienmitgliedern der Heisings benannt sind: Carl, Franziska, Ernst, Elisabeth, Peter und Christine. Auf einem kleinen Schild neben der jeweiligen Eingangstür stellen sie sich mit einem Foto und einer Anekdote dem Gast persönlich vor.

Ein Zuhause auf Zeit

Im Haus selbst erinnern ausgewählte Dekostücke an die Namensgeber – vom Originaltourplakat der Rolling Stones bis zur antiken Aussteuertruhe der Urururgroßmutter. Die gemütlichen Appartements sind mit neuester Technik, modernen Bädern, extravaganten Tapeten, bequemen Boxspringbetten, Designerküchen und allem Pipapo liebevoll ausgestattet. Da es kleine, mittlere und große Appartements gibt, finden Alleinreisende, Paare und Familien hier die

Tradition trifft Moderne in den sechs individuellen Wohnungen im Logierhaus Heising.

passende Unterkunft. Mitten in Westerland, fußnah zum Strand, umgeben von zahlreichen Einkaufsmöglichkeiten, Cafés und Restaurants ist es der perfekte Ort, um die Insel zu erleben.

Kulinarischer Genuss im Diavolo

Apropos Restaurant – seit 2003 ist im Erdgeschoss des Hauses Heising das Bistro Diavolo zu finden. Ein chilliger Ort für leckeres Essen und gute Drinks mitten im Trubel. Zudem Frontrow-Blick, um den Catwalk auf der Friedrichstraße zu beobachten. Betreiber Helmut Tippler, ein alter Hase der Sylter Gastroszene, ist übrigens für den Elvis verantwortlich. Klammheimlich schnappte er ihn Jens Heising, der die Figur unbedingt für seine Mutter (ein glühender Elvisfan) kaufen wollte, vor der Nase weg. Er stellte ihn als Überraschung auf ihren Balkon und dort ist er bis heute ein Wegweiser und Wahrzeichen für das Logierhaus Heising. Wer jetzt neugierig geworden ist und gerne einmal in einem echten Sylter Original wohnen möchte, kann direkt bei Jens und Rebecca auf ihrer Homepage unter **www.haus-heising-sylt.de** oder auch unter **www.sylt-travel.de** ein Appartement buchen.

FOTOS: ESTHER JÖRGENSEN & LOGIERHAUS HEISING

Gut zu wissen!

Wer einmal mit dem King of Rock'n'Roll auf dem Balkon frühstücken möchte, sollte unbedingt das Appartement „Lisbeth" buchen.

Wolfgang Loesche, Porsche Daisy, 100x70cm

Ute Hillenbrand, Champagne Rain, 60x80cm

Axel Crieger, Buhne 16, 80x60cm

Frank Getty, Hamburg Hafencity, 120x100cm

Karsten Meiwald, Nordseebrise, 100x80cm

Mario Malfer, Lago di Garda con pesce, 120x100cm

Galerie in Westerland
Bismarckstraße 3 / 25980 Sylt

KUNSTHAUS
Uerpmann
BIELEFELD | SYLT

Telefon 04651/ 299 90 03
sylt@kunsthaus-uerpmann.de

Von Gemälden

Vier Museen gibt es auf Sylt. Für deren Erhalt und Zukunft engagiert sich der Freundeskreis Sölring Museen e. V., der in diesem Jahr sein zehnjähriges Bestehen feiert. Er sorgt dafür, dass Sylter Kulturhistorie nicht vergessen wird.

Text: Anke Pipke

Wäre Sylt ein Gemälde, wer geriete nicht ins Schwärmen. Die einzigartige, die wunderschöne Insel der Nordsee mit Lichtstimmungen und Farbspielen zum Dahinschmelzen. Sylt allein ist eigentlich schon Kunst. Aber Sylt zeigt auch Kunst und das in vier ganz unterschiedlichen Museen für Kulturgeschichte: das Sylt Museum in Keitum, das Altfriesische Haus seit 1640, der Naturpfad Vogelkoje Kampen und das Steinzeitgrab Denghoog. Sie alle zu erhalten, zu modernisieren und weiterzuentwickeln ist das Anliegen des Freundeskreises Sölring Museen und seiner mittlerweile fast 200 Mitglieder. Finanziert werden seine Projekte durch Mitgliedsbeiträge und Spenden.

und Geschichte

Wenn du dich für die Sylter Geschichte und Kulturhistorie interessierst, kannst du im Sylt Museum auf Entdeckungsreise gehen. Dort findest du auch ein Gemälde von Hans Peter Feddersen, einem der bedeutendsten Landschaftsmaler Norddeutschlands, das der Freundeskreis für das Museum erworben hat.

Mit Sylt-Liebe und Sachverstand

Angeführt wird der gemeinnützige Verein, der am 6. Dezember 2014 gegründet wurde, von einem sechsköpfigen Vorstand, dem seit 2021 Dr. Sabine Friese-Oertmann vorsteht. Die ursprünglich aus Westfalen stammende freiberufliche Kunsthistorikerin aus München lebt viele Monate im Jahr mit Mann und Hund in ihrem Zweitwohnsitz in List auf Sylt. Von der Sylter Kunstgeschichte ist sie schon immer fasziniert gewesen. „Sie ist einfach ungeheuer spannend, und ich finde, man muss den Menschen davon erzählen", erklärt Sabine Friese-Oertmann ihr Engagement. „Außerdem ist die Insel immer so gut zu mir gewesen, darum möchte ich ihr etwas zurückgeben." Vor einigen Jahren knüpft sie Kontakte zu Alexander Römer, dem Leiter des Sylt Museums in Keitum, der ihr vorschlägt, dort kunsthistorische Führungen anzubieten. „Licht, Sand und Meer. Sylt und seine Künstler" – das ist ihr Lieblingsthema. „Mich interessieren die Künstler*innen, die Ende des 19. Jahrhunderts auf die Insel kamen", gesteht sie. Es sind die Landschaftsmaler*innen, die, da es nun möglich ist, Ölfarben in Tuben zu bekommen, draußen im Freien versuchen, die Atmosphäre zu erfassen und unverfälschte Gemälde zu erschaffen.

Auch für Künstler*innen ein Sehnsuchtsort

„Inspiriert vom französischen Impressionismus zogen die Künstler*innen hinaus ins Freie, um unmittelbare Natureindrücke einzufangen", erklärt die Kunsthistorikerin. „Man muss wissen, dass Sylt lange Zeit als öde und uninteressant galt, nur mühsam zu erreichen war. Nach und nach erst entdeckten die Künstler*innen, wie einzigartig hier Natur und Lichtstimmungen sind. Sie kamen für Wochen oder Jahre. Sylt wurde für viele bekannte Landschaftsmaler*innen aus ganz Deutschland zum Sehnsuchtsort."
Einer der ersten, der kam und die Insel künstlerisch „entdeckte", war Hans Peter Feddersen aus Wester Schnatebüll (heute ein Teil von Stedesand) bei Niebüll. Er studierte und lernte an renommierten Akademien und Kunstschulen seiner Zeit, bevor er 1869 das erste »

Sie engagieren sich im Vorstand: Prof. Dr. Ulrich Schulte-Wülwer, Alexander Römer, Dr. Sabine Friese-Oertmann, Dr. Dorothée Gommen-Hingst, Angelika Jahr, Heinz Christiansen und Stefan Hartmann (v.l.).

Mal zu einem Studienaufenthalt nach Sylt kam. Heute gilt er als einer der hervorragendsten Landschaftsmaler Norddeutschlands. „Und er war lange Zeit in der Sammlung der Sylter Museen nicht vorhanden. Das ging natürlich nicht!", sagt Sabine Friese-Oertmann schmunzelnd. So hat der Freundeskreis Sölring Museen 2023 mit dem Ölgemälde „Reetdachhäuser in Nordfriesland" von 1925 erstmalig ein Werk dieses für die künstlerische Entwicklung der Insel so bedeutenden Künstlers als Dauerleihgabe ins Sylt Museum geholt. „Der Freundeskreis hat das Gemälde zu einem sehr fairen Preis bei der Galerie Herold Hamburg/Kampen erworben", sagt die engagierte Vorsitzende nicht ohne Stolz. „Wir finanzieren aber nicht nur Ankäufe, sondern fördern auch notwendige Renovierungen in den Museen sowie Restaurierungen der vorhandenen Sammlungsobjekte."

Damit Sylter Kultur lebendig bleibt

Neben der musealen Entwicklungsarbeit steht ein abwechslungsreiches Kulturprogramm auf der Tagesordnung. Hochkarätig besetzte Vorträge, Kunstführungen und Exkursionen zu Museen auf dem nahen Festland sowie den Nachbarinseln bilden ein attraktives Angebot für Mitglieder und Gäste. Eine große Herzensangelegenheit sind Sabine Friese-Oertmann die Vortragsreihen, die der Freundeskreis von April bis August einmal im Monat für die Öffentlichkeit im Sylt Museum in Keitum anbietet. In ihnen spielen stets umwelt- und kulturgeschichtliche Themen des nordfriesischen Raums eine Rolle. „Wir setzen damit einen schönen Gegenpol zu den leider immer noch gängigen Sylt-Klischees und halten zugleich die Sylter Kultur lebendig", ist Sabine Friese-Oertmann überzeugt. Neue Mitglieder zu finden, die Lust haben, sich für die Sylter Museen zu engagieren, sei eine Herausforderung, vor der viele Vereine derzeit stünden. „Zum Glück gibt es auf Sylt sehr viele kulturinteressierte Menschen, die man gut begeistern kann. Aber das Angebot auf der Insel ist groß und darum muss man immer wieder auf sich aufmerksam machen."
Wäre Sylt also ein Gemälde, dann würde es viel erzählen können. Von Sehnsüchten und einer Schönheit, der schon vor Jahrhunderten Menschen und Künstler*innen verfielen. Sie kamen, blieben oder gingen wieder und hinterließen Spuren, denen man auf Sylt dank des engagierten Einsatzes des Freundeskreises noch heute nachspüren kann.

Die Sylter Museen

Das Sylt Museum ...

... erzählt die Sylter Geschichte von den Ursprüngen. Die neu konzipierte Ausstellung zur Ur- und Frühgeschichte vermittelt neben den weiteren Bereichen Seefahrt und Walfang, Badetourismus sowie Sylter Kunst- und Kulturgeschichte ein gutes Basiswissen über die Insel. Außerdem finden jährlich bis zu drei Sonderausstellungen statt.

Das Altfriesische Haus seit 1640 ...

... berichtet stimmungsvoll über die einstige Sylter Wohnkultur zu Zeiten, als es noch keinen Supermarkt oder fließend Wasser gab.

Das Steinzeitgrab Denghoog ...

... in Wenningstedt gehört zu den herausragenden Denkmälern der jüngeren Steinzeit. Es wurde zwischen 3200 und 2800 v. Chr. errichtet und zählt zu den am besten erhaltenen und begehbaren Großsteingräbern, die heute noch in Nordeuropa existieren.

Der Naturpfad Vogelkoje Kampen ...

... befindet sich mitten in einem einzigartigen Sylter Naturschutzgebiet. Die historische Fanganlage wartet mit vielen Mitmachstationen und Highlights auf.

KONTAKT:
Freundeskreis Sölring Museen e. V.
www.freundeskreis-soelringmuseen.de
@freundeskreis_soelring_museen

Eventhighlights 2024

Diese Veranstaltungen möchte ich in diesem Sommer nicht verpassen! Ich freue mich auf die schönsten Kulturerlebnisse, Surf-Action und ganz besondere Fahrzeuge.

29.6.

Petro Surf

Was Surfen und Porsche verbindet? Nicht viel, könnte man auf den ersten Blick meinen. Aber: Hinter beiden Schlagwörtern stecken leidenschaftliche Kulturen. Und die wiederum passen beide perfekt nach Sylt. So entsteht beim Petro Surf eine einmalige Symbiose aus luftgekühlten Autos und spannender Surf-Action. Etwa 100 Vintage-Porsche lassen sich an diesem Tag im „Samoa Village" bestaunen, während am Surf-Spot hinter der Düne der Surf-Contest läuft. Außerdem bieten Fotoausstellungen zur Surf- und Porschekultur, das tolle Essen vom Strandrestaurant Samoa Seepferdchen, lässige Musik und verschiedene Kunstaktionen den Rahmen für einen herrlichen Sylter Sommertag.

Eintritt frei
Samoa Seepferdchen in Rantum
@petro.surf

Die schönen Aufnahmen sind von Tim Knuth. Mehr von ihm auf Instagram @sylterautomotive.

11.7.

Verdensballett

Es ist eine magische Atmosphäre, die sich jedes Jahr zum Verdensballett über den Benen-Diken-Hof in Keitum legt. Wenn das reetbedeckte Kapitänshaus zur Kulisse und die weitläufige Wiese des Hotels zu Zuschauerrängen werden, steigt die Spannung auf das, was hier geboten wird: Hochkultur, aber entspannt und mit Leichtigkeit! Prominente Solo-Tänzer*innen und renommierte Opernsänger*innen verzaubern das Publikum mit erstklassigen Darbietungen unter freiem Himmel. An Ständen auf dem Hotelgelände bietet das hauseigene Restaurant Køkken eine Auswahl an kleinen feinen Leckereien und Getränken. Tipp: Bring dir eine Decke mit, falls es ein kühler Sommerabend wird.

Tickets ab 63 Euro
Benen-Diken-Hof in Keitum
www.benen-diken.hof.de

FOTOS: TIM KNUTH, SINA HOYER, MAIKE HÜLS-GRAFNING, SEPP BRÜCKMANN, DIRK MOMMERTZ

23.7.

White Dinner

Ganz in Weiß gekleidet sitzen die Gäste des Kampener White Dinners an der langen Picknicktafel und genießen die elegante Lässigkeit, die Kampen so besonders macht. Herrlich unbeschwert! Für die (weiße!) Deko und das Essen sorgt an diesem Abend jeder selbst, meist stilecht in hübschen Picknickkörben. Und selbst wenn die Plätze an der offiziellen White-Dinner-Tafel immer im Nu ausverkauft sind: Die einzigartige Atmosphäre genießt du auch im Sand oder Strandkorb daneben. Also: Schnapp dir eine Decke und Snacks, wirf dich in dein liebstes weißes Outfit und erlebe einen wundervollen Abend. Übrigens: Sollte das Wetter am 23. Juli nicht mitspielen, wird einfach am Folgetag diniert.

Kampen Hauptstrand
www.kampen.de

27.7.-1.8.

12. Kammermusikfest Sylt

Klassik, die begeistert. Für alle. So lässt sich in kurzen Worten das Kammermusikfest Sylt charakterisieren. Keine elitären Veranstaltungen, keine hohen Ticketgebühren, stattdessen erstklassige Künstler*innen und eine große Offenheit für neugieriges Publikum. Hemmschwellen? Gibt es hier nicht! Das Programm läuft in diesem Jahr unter dem Thema „Horoskop" und bietet mit über 15 Events eine musikalische Reise durch die 12 Tierkreiszeichen und Elemente. Neben Uraufführungen finden sich die ikonischen Goldberg-Variationen Johann Sebastian Bachs ebenso im Programm wie Raritäten von Luciano Berio oder Philip Glass.
Mein Tipp: Kammermusik to go – kostenlose Mini-Konzerte an originellen Orten, die deinen Urlaubstag ganz nebenbei mit einer großen Portion Kultur anreichern.

Tickets zwischen 15-25 Euro, Festivalpässe verfügbar, Eintritt bis 29 Jahre frei
www.kmfsylt.de

6. Kampen Jazz by Till Brönner

Der Jazz ist zurück! Am 4. und 5. Juli verwandelt sich der Strönwai in Kampen zur beliebtesten Jazzbühne des Nordens, auf der sich die Größen der Branche versammeln.

Ins Leben gerufen wurde das Festival vom fünfmaligen Echo-Preisträger Till Brönner – und der Star-Trompeter hat damit genau den richtigen Ton getroffen. „Ich bin stolz, dass wir zum sechsten Mal eine beeindruckende musikalische Vielfalt präsentieren können und das mit großartigen Künstler*innen. Wir werden wieder ein musikalisches Fest unter freiem Himmel feiern", verspricht er. Die ganz besondere Atmosphäre in Kampen, das entspannte Publikum, aber vor allem beste Jazzmusik vor Reetdach-Kulisse sind eine einmalige Mischung. Übrigens ist das Event nicht nur ein Tipp für Jazz-Enthusiast*innen, sondern auch perfekt für alle geeignet, die mit diesem Genre noch keine Berührungspunkte hatten. Denn nirgends ist es einfacher, Jazz in seiner stilistischen Bandbreite an einem Ort zu erleben: Am Donnerstag steht mit Dee Dee Bridgewater sicher eine der größten Jazzsängerinnen ihrer Generation auf der Showbühne am Strönwai – in bester Begleitung der Big Band der Bundeswehr. Ebenfalls zu Gast sind Curtis Stigers samt Trio und die Fusion-Legenden Dave Grusin & Lee Ritenour. Ivan Lins bringt mit Samba und Bossa Nova brasilianisches Flair nach Sylt. Mousse T. und Sängerin Emma Lanford werden Kampen Jazz 2024 schließlich mit fetten Klängen beenden. Und weil zwei Abende zu kurz sind, um voll auf die Kosten zu kommen, sorgen an den Nachmittagen Inusa Dawuda & Bouch mit Saxophon und Percussion sowie Lokalmatador DJ Peter Kliem für die Einstimmung. Auch die Kampener Gastronomie liebt Jazz: Auf der Whiskeymeile bieten sie das kulinarische Rahmenprogramm und sorgen abseits der Showbühne für allerfeinste Genusserlebnisse. Dank großzügiger Unterstützung von Sponsoren ist der Eintritt zum Open-Air-Highlight kostenfrei. Infos unter **www.kampen.de.**

FOTOS: KAMPEN JAZZ

Grammy-Award-Gewinnerin Dee Dee Bridgewater ist eine der größten Jazzsängerinnen ihrer Generation.

Curtis Stigers ist ein US-amerikanischer Sänger, Songwriter und Saxophonist und sorgt am Strönwai für Gänsehaut.

HR
TYPISCH
RUNGHOLT
Wir für Sie und Sie mit uns.
www.hotel-rungholt.de

Strandabenteuer der Extraklasse

Erlebe den Sommer auf Sylt mit dem Defender Kitesurf World Cup 2024 und freue dich auf die Defender Experience – eine Mischung aus Luxus, Abenteuer und Naturerlebnissen.

Text: Finja Schulze

Der Defender 90 D250 AWD in der Marine Blue Edition weist einen kombinierten Kraftstoffverbrauch von 8,7l/100km auf. Die kombinierten CO2-Emissionen liegen bei 228g/100km, was dem Fahrzeug die CO2-Klasse G einbringt.

Sylt ist ein zentraler Treffpunkt der internationalen Kitesurf-Szene und der Defender GKA - Kitesurf World Cup Sylt gehört fest dazu. 2023 versammelten sich die besten Athlet*innen am Brandenburger Strand, um Punkte für den prestigeträchtigen Wettbewerb zu sammeln. Die Veranstaltung stand ganz im Zeichen von sportlichen Höchstleistungen und spiegelt damit die Werte der Marke Defender wider. Auch in diesem Jahr wird die Defender Experience auf Sylt wieder für spannende Aktivitäten sorgen. Beim Stargazing kannst du den beeindruckenden Sternenhimmel bewundern und die nächtliche Stille genießen. Die faszinierende und einzigartige Wattlandschaft der Nordsee erlebst du hautnah bei einer geführten Wattwanderung. Yoga am Strand sorgt für Entspannung und den perfekten Start in den Tag, während du die frische Seeluft und die malerische Inselkulisse in vollen Zügen genießt. Außerdem wird Outdoor Cooking mit lokalen Spezialitäten angeboten, bei dem du unter freiem Himmel in den Genuss von kulinarischen Köstlichkeiten der Region kommst. Abgerundet wird das Programm durch Test Drives auf vordefinierten Routen, bei denen die Teilnehmenden die außergewöhnliche Geländegängigkeit des Defender selbst erleben können. Beim Kitesurf werden die Grenzen im Rhythmus der Wellen verschoben – hin zu immer spektakulären Sprüngen, schnelleren Manövern und atemberaubenden Tricks. Genau diesen Sportgeist und die Lust am Außergewöhnlichen unterstützt Defender mit den Geländefähigkeiten seiner Fahrzeuge – sprichwörtlich abseits befestigter Wege. Beach Life und Allradantrieb sind in der DNA der Marke Defender fest verankert: Von allen möglichen Untergründen gilt Sand als das am schwierigsten zu befahrende Terrain und daher als Königsdisziplin für 4x4-Fahrzeuge. Kein Wunder also, dass die Defender-Modelle als Supportfahrzeuge auf Sylt eine gute Figur machen. Unter **www.defender-sylt.de** kannst du das Programm der Experience einsehen und dich für die Sessions anmelden.

Aha!

Vom 20. bis 25. August 2024 findet der **Defender Kitesurf World Cup Sylt** am Brandenburger Strand statt. Internationale Profis treten im Wettkampf gegeneinander an und zeigen spektakuläre Wellenritte und Flugeinlagen in den Disziplinen Wave und Strapless Freestyle. Die Wettkämpfe begleitet ein abwechslungsreiches Rahmenprogramm mit Workshops, Autogrammstunden und Sportaktionen. Auch für das leibliche Wohl ist dank zahlreicher Foodtrucks bestens gesorgt. Das heißt: Sechs Tage Sport, Spaß, Action und Party auf der Westerländer Promenade.

FOTOS: LAND ROVER DEUTSCHLAND

#Inselinspo

Entdecke neue Ausstellungen, Buchtipps und Neuigkeiten aus Sylts bunter Kunst- und Kulturszene.

Du bist herzlich eingeladen, Teil dieser fröhlichen Szene zu werden und ein Foto bei Instagram zu posten.

Es ist Mädelsabend!

Neben den beliebten Surferinnen oder dem Fernglasmann zeigen die Künstlerinnen Laura und Christel Lechner auch in diesem Jahr wieder eine große Installation an der beliebten Wenningstedter Promenade. „Mädelsabend" lautet der Titel der neuen Arbeit. Mit den fünf feiernden Frauen möchte Laura Lechner die Bedeutung von Freundschaft, Spaß und gemeinsamen Erlebnissen in das Blickfeld der Betrachtenden rücken. Die grobe Textur des Betons erzeugt ein Spannungsfeld zwischen Ästhetik und handwerklichem Charme. Details und bewusst erzeugte Unebenheiten lassen die Tänzerinnen lebendiger erscheinen. Weitere Infos unter **www.alltagsmenschen.de.**

#ichzeigdirSylt

Mit mehr als 70 verschiedenen Touren lädt Sylt dazu ein, die facettenreiche Natur, die spannende Geschichte und die lebendige Kultur der Insel zu erkunden. Ob zu Fuß, per Fahrrad oder bequem im Bus – zertifizierte Gästeführer*innen begleiten dich mit ihrem geballten Sylt-Wissen. Auf der frisch gestalteten Website **www.ichzeigdirsylt.de** findest du jetzt alle Gästeführer*innen und ihr Angebot übersichtlich, kannst Kontakt aufnehmen und deinen Wunschtermin buchen.

Die Vorreiter der Wellen

1952 wurden vor Sylt die ersten Wellen gesurft – ohne Neo und auf glitschigen Holzplanken. Mit ihrer Ausstellung „LSF52 Surf + Strand Kultur Sylt" blicken die beiden Sylter Angelo Schmitt und Dennis Bullen auf die faszinierende Geschichte des Surfens zurück, die über 70 Jahre zurückreicht und die Insel wie kein anderer Sport nachhaltig geprägt hat. Die Ausstellung ist noch bis Januar 2025 im Sylt-Museum in Keitum zu sehen und sehr empfehlenswert. Weitere Infos unter **www.soelring-museen.de.**

BUCHTIPP

4 Fragen an …

… Annika Feldmann, die neue Organisatorin des Henner-Krogh-Förderpreises. Seit 1987 DAS Highlight für Sylter Musiker*innen, musste der Sylter Musikwettbewerb zweimal in Folge mangels Bewerbungen abgesagt werden. In 2025 soll es weitergehen – mit viel frischem Wind und Begeisterung.

Wie siehst du die Lage der Sylter Musikszene?
Zunächst: Es gibt zum Glück noch Musiker*innen auf Sylt, wir haben einige alteingesessene Bands und Solist*innen, die zum festen Inventar gehören. Aber es gibt momentan zu wenig Nachwuchs. Wir versuchen gerade zu verstehen, woran das liegt: Wollen die Leute nicht mehr in Bands spielen oder überhaupt auf der Bühne stehen? Fehlen Probemöglichkeiten, oder besteht einfach kein Interesse? Wir müssen scheinbar früh ansetzen und die jungen Leute erst mal wieder für Musik begeistern.

Wie stellt ihr das an?
Wir machen aktuell viel Grundlagenarbeit und bieten zum Beispiel Workshops mit tollen Coaches an, bei denen sich die Teilnehmenden einfach mal ausprobieren und erste Erfahrungen sammeln können. Ziel ist, dass sie sich vernetzen, Erfolgserlebnisse haben und sich von der Faszination Musik mitreißen lassen.

Was gibt dir Hoffnung für die Zukunft?
Es gibt bei allen Rückschlägen auch immer wieder kleine Erfolgserlebnisse. Wenn jemand den Spaß an der Musik entdeckt hat. Oder die lütte Band, die sich zusammengefunden hat. Und wenn man lange genug bohrt, dann sieht man trotz allem, dass es hier und da begeisterte Musiker*innen gibt. Und insofern glaube ich schon, dass wir da irgendwie ankommen, wenn wir genau dort ansetzen.

Was wünschst du dir für den Förderpreis 2025?
Wir wollen wieder ein Event sein, das niemand verpassen möchte. Mit vielen kreativen Teilnehmer*innen, einer inspirierenden Jury, einem runden Rahmenprogramm und vor allem einer Riesenbegeisterung im Publikum. Dass der Vorhang aufgeht und alle sagen: „Darauf haben wir hingefiebert, endlich geht es wieder los!"

Strandkorblektüre

Der Abend des traditionellen Sylter Sonnenwendfeuers endet mit einem Schock: Eine Leiche wird gefunden, alles deutet auf Mord hin. Je intensiver Immobilienmakler Kristan Dennermann ermittelt, desto größer wird der Kreis der Verdächtigen. Und bald hat der Mörder auch ihn im Visier … Der neue Sylt-Krimi von Immobilienmakler Eric Weißmann ist die perfekte Urlaubslektüre!

Weitere Infos!

Der nächste Henner-Krogh-Förderpreis findet am Samstag, dem 1. Februar 2025 statt. Bands und Solist*innen aller Genres, die auf Sylt leben oder arbeiten, können sich bis Oktober für den Wettbewerb bewerben. Ausrichter des Preises ist die Henner-Krogh-Stiftung zur Förderung Sylter Musiker. Den Gewinner*innen winkt ein Gesamtpreisgeld in Höhe von 5.555 Euro. Alle Informationen unter **www.henner-krogh-stiftung.de.**

HENNER KROGH STIFTUNG
zur Förderung Sylter Musiker

Die nächste Ausgabe erscheint im

Juni 2025

Ankes Sylt-Tipp:
»Als leidenschaftliche Golfspielerin ist für mich im Sommer eine Golfrunde im GC Budersand mit anschließendem Andalö-Spritz auf der Terrasse vom Restaurant Strönholt ein Traum. Der Blick über die Dünen zum Wattenmeer ist atemberaubend und versöhnt, falls mal einige Schläge auf dem anspruchsvollen Platz nicht so gut gelungen sind.«

Ninas Sylt-Tipp:
»Sommer auf Sylt bedeutet für mich endlose Spaziergänge durch die wunderschöne Dünenlandschaft, um danach an einem windstillen Plätzchen mit einem guten Buch zur Ruhe zu kommen.«

Jasmins Sylt-Tipp:
»Ich liebe es, im Sommer draußen Sport zu machen: Wenn ich nach Feierabend in den Sonnenuntergang laufen kann, hat der Schweinehund mal so gar keine Chance! Meine Lieblingsrunde sind die 10 km zwischen Wenningstedt und Kampen durch Dünen, an zwei Leuchttürmen vorbei und mit Meerblick … So schön!«

Sylt Fräulein

IMPRESSUM

Herausgeber:
Kassian Alexander Goukassian
(V. i. S. d. P.)

Geschäftsführung falkemedia Fräulein Medien GmbH:
Kassian Alexander Goukassian

Mitglied der Geschäftsleitung & Ltg. Marketing:
Wolfgang Pohl (w.pohl@falkemedia.de)

Chefredakteurin:
Finja Schulze (f.schulze@falkemedia.de)

Art Direction:
Nina Damm

Redaktion:
Anke Pipke, Esther Jörgensen, Jasmin Heimberger, Sina Hoyer

Fotografie:
Finja Schulze, Esther Jörgensen, Sina Hoyer, Maike Hüls-Graening

Grafik und Bildbearbeitung:
Kathrin Knoll, Nina Damm, Marleen Osbahr

Cover-Foto:
Maike Hüls-Graening

Mediaberatung:
Tim Möller

Lektorat:
Eva Jacobsen (www.evajacobsen.de)

Anzeigen & Vertrieb:
falkemedia Fräulein Medien GmbH

Anzeigenkoordination:
Dörte Schröder (d.schroeder@falkemedia.de),
Tel. +49 431 20 07 66 12

Projektkoordination:
Nicole Neumann

Produktionsmanagement/Druck:
Eversfrank Gruppe Frank Druck GmbH & Co. KG,
Industriestraße 20, 24211 Preetz

Vertrieb:
DMV – Der Medienvertrieb GmbH & Co. KG,
Meßberg 1, 20086 Hamburg

Vertriebsleitung:
Hans Wies, DMV
(hans.wies@dermedienvertrieb.de)
Tel. +49 40 30 19 18 45

falkemedia Fräulein Medien GmbH
Pahlblöken 15-17, 24232 Schönkirchen
Tel. +49 431 20 07 66 0
Fax +49 431 20 07 66 50

falkemedia

Kassians Sylt-Tipp:
»Unbedingt rechtzeitig ein Fahrrad reservieren, mieten und damit über die wunderbaren kilometerlangen Fahrradwege von List bis Hörnum. Nur auf zwei Rädern lässt sich Sylt für mich landschaftlich und gastronomisch so hautnah und so intensiv erleben. Es ist jedes Mal wieder ein ganz besonderes Erlebnis.«

Esthers Sylt-Tipp:
»Die Mittsommersonne genießen – mit einer Picknickdecke und Leckereien am Strand die endlose goldene Stunde auskosten.«

Tims Sylt-Tipp:
»Mein perfekter Sommertag auf Sylt startet mit Wellenreiten am Morgen, gefolgt von entspannten Stunden am Strand mit Beachvolleyball-Sessions. Abends genieße ich kühle Getränke bei Sonnenuntergang.«

Du hast Themenwünsche? Dann schreibe eine E-Mail an ahoi@syltfraeulein.de

Folge mir auf …

@sylt_fraeulein SyltFraeulein sylt_fraeulein